RESEARCH ON EXECUTIVE COMPENSATION REFORM OF STATE-OWNED ENTERPRISES UNDER GOVERNMENT REGULATION
—FROM THE DUAL PERSPECTIVES OF STRATIFICATION AND CLASSIFICATION

政府规制下
国有企业高管薪酬改革研究

——基于分层和分类的双视角

范婧 著

版权专有　侵权必究

图书在版编目（CIP）数据

政府规制下国有企业高管薪酬改革研究：基于分层和分类的双视角／范婧著．——北京：北京理工大学出版社，2021.12

ISBN 978-7-5763-0801-3

Ⅰ.①政… Ⅱ.①范… Ⅲ.①国有企业—管理人员—工资管理—研究—中国 Ⅳ.①F279.241

中国版本图书馆 CIP 数据核字（2022）第 010526 号

出版发行／	北京理工大学出版社有限责任公司
社　　址／	北京市海淀区中关村南大街 5 号
邮　　编／	100081
电　　话／	（010）68914775（总编室）
	（010）82562903（教材售后服务热线）
	（010）68944723（其他图书服务热线）
网　　址／	http://www.bitpress.com.cn
经　　销／	全国各地新华书店
印　　刷／	三河市华骏印务包装有限公司
开　　本／	710 毫米 × 1000 毫米　1/16
印　　张／	10.25
字　　数／	156 千字
版　　次／	2021 年 12 月第 1 版　2021 年 12 月第 1 次印刷
定　　价／	62.00 元

责任编辑／	徐　宁
文案编辑／	徐　宁
责任校对／	周瑞红
责任印制／	李志强

图书出现印装质量问题，请拨打售后服务热线，本社负责调换

前　言

国有企业的薪酬制度改革是近年来国有企业深化改革的关键环节，部分行业国有企业高管的薪酬问题表现为定位相对偏高，甚至还有部分国有企业的高管薪酬与企业的经营业绩没有挂钩的现象。但是，这实际反映出的是国有企业高管薪酬与国有企业性质和高管身份不相匹配的问题，国有企业高管的薪酬问题受到社会的广泛关注和争议。目前，我国的经济发展已进入新常态，国有企业高管薪酬制度改革也应顺应新时期的新特征。重新审视国有企业高管薪酬的形成机制，针对性地提出国有企业高管薪酬制度的改革建议，才能更好地发挥我国国有企业在经济发展中的主导优势，从而为我国经济发展提质增效。

本书主要从国有企业高管薪酬相关理论研究出发，综合运用文献分析、理论分析、比较分析以及实证分析等方法，对国有企业高管薪酬形成的内在机制从理论和实证两个方面进行阐释，并提出政府规制下国有企业高管薪酬改革的建议。

本书共8章。第1章提出国有企业高管薪酬的研究问题、界定研究对象和阐述主要研究内容。第2章综述国有企业高管薪酬相关文献，为进一步研究国有企业高管薪酬提供了基础理论支撑。第3章国有企业高管薪酬的形成机制分析，这部分主要从国有企业的特殊性出发，分析国有企业和高管之间的委托代理关系，并利用收入分配公平偏好模型进一步分析和衡量国有企业高管的双重身份对国有企业高管薪酬的影响。第4章我国政府体制下国有企业高管薪酬制度的历史演变和现实判断，主要从我国国有企业的演变过程，国有企业薪酬制度、国有企业高管薪酬制度的变化以及国有企业高管薪酬现状四个方面进行了阐述。第5章是基于国有企业分类的视角，定量化研究商业类和公益类国有企业的高管薪酬制度设计问题，进而提出分类化设计的薪酬改革思路。第6章是基于国有企业高管分层的视角，定量化研究有政府背景和无政府背景国有企业高管薪酬制度激励的差异性，并提出基于分类分层的四种国有企业高管薪酬模式。第7章是国外国有企业高管薪酬制度的借鉴。比较美国、日本和新加坡国有企业高管薪酬制度并得出对中国国有企业高管薪酬制度设计的启示。第8章总结本研究的结论，提出政府规制下国有企业高管薪酬制度改革的对策建议，并探讨目前研究的不足之处和未来研究的方向。

本书主要关注了"国有企业高管薪酬的形成机制"，对国有企业高管薪酬制度存在的问题从分类分层的视角进行系统的理论分析研究。在分类和分层双视角下对国有企业高管薪酬制度的激励效果进行实证分析，定量研究不同国有企业类型和不同高管身份下国有企业高管薪酬的激励的有效性。结合我国目前全面深化改革的时代背景和实证分析的结果，提出分类和分层视角下国有企业高管差异化薪酬制度改革的建议。

范 婧

2021年10月

目 录

第1章 绪论   1
  1.1 研究背景   1
  1.2 研究意义   2
    1.2.1 理论意义   2
    1.2.2 实践意义   3
  1.3 研究目的   3
  1.4 研究对象的界定   4
    1.4.1 国有企业   4
    1.4.2 高管人员   6
    1.4.3 高管薪酬的性质   8
  1.5 研究思路、方法及内容安排   10
    1.5.1 研究思路   10
    1.5.2 研究方法   12
    1.5.3 研究内容   12
  1.6 研究的创新   14

第2章 国有企业高管薪酬相关理论研究基础   16
  2.1 高管薪酬的基本理论   16

    2.1.1　效率工资理论　　　　　　　　　　　　　　　　17
    2.1.2　委托代理理论　　　　　　　　　　　　　　　　17
    2.1.3　人力资本理论　　　　　　　　　　　　　　　　18
2.2　国内外企业高管薪酬研究的进展　　　　　　　　　　　　　20
    2.2.1　国外企业高管薪酬研究的进展　　　　　　　　　20
    2.2.2　国内企业高管薪酬研究的进展　　　　　　　　　25
    2.2.3　文献评述　　　　　　　　　　　　　　　　　　30
2.3　小结　　　　　　　　　　　　　　　　　　　　　　　　　31

第3章　国有企业高管薪酬的形成机制分析　　　　　　　　　　32
3.1　引言　　　　　　　　　　　　　　　　　　　　　　　　　32
3.2　国有企业高管劳动力市场的供需分析　　　　　　　　　　　33
3.3　国有企业委托代理关系的理论及应用分析　　　　　　　　　34
    3.3.1　国有企业的特殊性　　　　　　　　　　　　　　34
    3.3.2　多任务委托代理模型　　　　　　　　　　　　　36
3.4　加入身份的委托代理模型　　　　　　　　　　　　　　　　40
    3.4.1　国有企业高管身份的特殊性　　　　　　　　　　40
    3.4.2　加入双重身份的委托代理关系分析　　　　　　　41
3.5　小结　　　　　　　　　　　　　　　　　　　　　　　　　45

第4章　政府规制下国有企业高管薪酬制度改革：历史演变与现实判断　　46
4.1　国有企业改革的历史过程　　　　　　　　　　　　　　　　47
    4.4.1　国有企业的建立阶段（1949—1977年）　　　　　47
    4.4.2　国有企业的兴起阶段（1978—1991年）　　　　　48
    4.4.3　国有企业的探索阶段（1992—2002年）　　　　　49
    4.4.4　国有企业的进展阶段（2003—2012年）　　　　　50
    4.4.5　国有企业的深化阶段（2013年至今）　　　　　　52
4.2　国有企业薪酬制度的演变　　　　　　　　　　　　　　　　54
    4.2.1　国有企业建立阶段的薪酬制度（1949—1977年）　54

  4.2.2 国有企业兴起阶段的薪酬制度（1978—1991 年） 55
  4.2.3 国有企业探索阶段的薪酬制度（1992—2002 年） 56
  4.2.4 国有企业进展阶段的薪酬制度（2003—2012 年） 58
  4.2.5 国有企业深化阶段的薪酬制度（2013 年至今） 60
 4.3 国有企业高管薪酬制度改革 61
  4.3.1 国有企业高管薪酬制度的建立阶段（1978—1991 年） 61
  4.3.2 国有企业高管薪酬制度的探索阶段（1992—2002 年） 62
  4.3.3 国有企业高管薪酬制度的规范阶段（2003—2012 年） 63
  4.3.4 国有企业高管薪酬制度的完善阶段（2013 年至今） 65
 4.4 国有企业高管薪酬的现状分析 66
  4.4.1 国有企业高管薪酬水平状况分析 66
  4.4.2 国有企业和非国有企业高管薪酬的对比分析 68
  4.4.3 国有企业高管与普通员工薪酬的对比分析 70
  4.4.4 不同行业之间的国有企业高管薪酬的对比分析 73
 4.5 小结 75

第 5 章 分类视角下国有企业高管薪酬制度实证研究 77
 5.1 引言 77
 5.2 研究设计 78
  5.2.1 样本选取与数据来源 78
  5.2.2 变量设计及说明 79
  5.2.3 模型构建 80
  5.2.4 变量的统计性描述 80
 5.3 估计结果及分析 82
  5.3.1 基本估计结果 82
  5.3.2 子样本估计结果 83
 5.4 稳健性检验 85
  5.4.1 重新界定高管薪酬变量的稳健性检验 85
  5.4.2 基于托宾 Q 值的稳定性检验 86

5.5 小结 87

第6章 分层视角下国有企业高管薪酬制度实证研究 91
6.1 引言 91
6.2 研究设计 92
 6.2.1 样本选取与数据来源 92
 6.2.2 变量设计及说明 93
 6.2.3 模型构建 94
 6.2.4 变量的统计性描述 94
6.3 估计结果及分析 96
 6.3.1 基本估计结果 96
 6.3.2 子样本估计结果 97
6.4 稳健性检验 101
 6.4.1 基于CEO和CFO样本的稳定性检验 101
 6.4.2 基于托宾Q值的稳定性检验 102
6.5 小结 103

第7章 国外国有企业高管薪酬制度的借鉴 106
7.1 引言 106
7.2 国外国有企业高管薪酬制度的比较 107
 7.2.1 美国国有企业高管薪酬制度 107
 7.2.2 日本国有企业高管薪酬制度 112
 7.2.3 新加坡国有企业高管薪酬制度 118
7.3 国外国有企业高管薪酬制度的启示 120
 7.3.1 政府与国有企业关系的合理定位 120
 7.3.2 国有企业高管薪酬的分类与分层管理 121
 7.3.3 长期激励的薪酬激励形式 122
 7.3.4 国有企业高管薪酬信息的披露 122
7.4 小结 123

第8章 研究结论与展望　　124
8.1 主要研究结论　　124
8.1.1 理论分析的主要结论　　124
8.1.2 实证分析的主要结论　　124
8.1.3 历史分析的主要结论　　125
8.1.4 比较分析的主要结论　　126
8.2 政府规制下国有企业高管薪酬制度改革的建议　　126
8.2.1 培养职业经理人才市场　　126
8.2.2 构建分类分层双重薪酬模式　　128
8.2.3 完善国有企业高管薪酬的监督机制　　130
8.2.4 加大国有企业高管薪酬信息公开性　　131
8.3 目前研究不足和未来研究展望　　132

附录　　133
附录A 国有企业改革政策文件汇总表　　133
附录B 国有企业高管薪酬政策汇总表　　135

参考文献　　137

后记　　147

图目录

图 1.1　本研究技术路线图　　11
图 1.2　本书总体框架安排　　13
图 2.1　高管薪酬文献共被引和凸显主题词的混合知识图谱　　21
图 3.1　高管劳动力市场分析　　33
图 3.2　国有企业高管委托代理示意　　35
图 4.1　2006—2015 年国有企业高管年度薪酬水平变化趋势　　67
图 4.2　国有企业和非国有企业高管薪酬均值对比　　70
图 7.1　1936—2005 年美国国有企业高管年薪变动趋势　　111
图 7.2　1999—2015 年美国国有企业高管薪酬年平均薪酬示意图　　111
图 7.3　2009—2011 年美国私营企业与联邦政府或地方政府所有企业高管薪酬对比　　112
图 7.4　电产型工资及构成比例　　115
图 7.5　1980—2014 年日本高管年薪酬总额变动趋势　　117

表目录

表2.1	前10篇高管薪酬研究高被引文献	21
表2.2	2006—2016年国有企业高管薪酬文献数量统计表	26
表4.1	1999—2003年工业企业中国有企业数量变化	50
表4.2	2003年和2011年国有企业状况对比	52
表4.3	《财富》世界500强的国有企业数量的变化	52
表4.4	国有企业高管年度薪酬水平	67
表4.5	2015年上市国有企业高管薪酬最高的前10家企业	68
表4.6	国有企业和非国有企业高管年度薪酬对比	69
表4.7	国有企业高管和普通员工年度薪酬的对比	70
表4.8	国有企业高管薪酬与普通员工薪酬增长速度比较	72
表4.9	2015年不同行业上市企业高管薪酬与普通员工薪酬差距	72
表4.10	2015年不同行业国有企业高管薪酬水平的分布状况	74
表5.1	各变量定义及计算方法	80
表5.2	模型中使用到各主要变量描述性统计结果	82
表5.3	全样本估计结果	83
表5.4	商业类国有企业和公益类国有企业两个子样本的估计	84
表5.5	稳健性检验之一：重新界定高管薪酬变量	86
表5.6	稳健性检验之二：使用国有企业绩效替代变量	87
表6.1	各个变量的定义和计算方法	93

表 6.2	模型中主要变量描述性统计结果	95
表 6.3	全样本估计结果	96
表 6.4	区分国有企业高管政治身份背景的两个子样本的估计	98
表 6.5	子样本估计结果：区分高管政治身份背景和类型归属	100
表 6.6	稳健性检验：仅使用 CEO 和 CFO 样本	102
表 6.7	稳健性检验：使用托宾 Q 代替企业绩效变量	103
表 7.1	美国联邦政府企业	108
表 7.2	日本国有企业"私有化"的相关法律	114
表 7.3	企业工资体系变动比例和变动的类型	116
表 7.4	日本不同职位薪酬比较表	118
表 8.1	分类分层的四种模式	130

第 1 章 绪 论

1.1 研究背景

收入分配问题是经济学中永恒的研究主题。在我国目前全面深化改革的时代背景下，收入分配不仅关系到每个人的生活，同时也涉及我国社会的整体稳定和国家的长远发展，因此该主题一直受到研究学者们的重视和社会的普遍关注。

在我国收入分配的众多问题当中，由于国有企业（简称国企）高管薪酬远远高于其他社会劳动者的平均薪酬，高管薪酬问题变得愈发敏感，因而成为收入分配问题中人们关注的焦点。1994 年，《国有企业厂长奖惩办法》的颁布标志着我国国有企业高管薪酬制度改革的开始，文件中对国有企业厂长工资提出了全面详细的管理办法。党的十五届四中全会把绩效考核列为影响高管薪酬的因素，并提出高管薪酬要同时发挥对国有企业高管的激励和约束性功能。2007 年，党的十七大再次重申薪酬制度设计过程中要兼顾薪酬的效率与公平。虽然国家对国有企业高管薪酬曾规定"不得超出普通员工的 12 倍"，但是国有企业高管薪酬上涨的趋势并没得到遏制，高管高薪的问题引起了社会公众的密切关注。为维护社会稳定，2008 年我国政府制定了一系列政策开始干预过高的国有企业高管薪酬，对国有企业高管薪酬采取设置最高薪酬限额的形式来管理控制国有企业高管过高的薪酬。此外，2009 年制定的"国有企业高管薪酬管理办法"，即《关于进一步规范中央企业负责人薪酬管理的指导意见》从多个方面进一步对国有企业高管的薪酬管理做出了规范,规定中央企业主要负责人的基本年薪与上年度在岗职工平均工资相挂钩。2012 年,国务院国有资产监督管理委员会(简称国资委)颁布了《中央企业负责人经营业绩考核暂行办法》,强调中央企业负责人的报酬与其考核结果相挂钩,并且在中央企业开始逐步试行"企业负责人年薪制"。2015 年,《中央管理企业负责人薪酬制度改革方案》正式在中央管理企业中开始实施。该方案中提到企业负责人薪酬制度改革不是简单意义上的降薪,而是薪酬结构的调整和优化。以上国有企业高管限薪政策一定程度上缩小了我国社会的贫富差距,但是也导致了部分国有银行的高管们纷纷离职,形成了一股所谓的"离职潮"。这一现象说明,国家一味地对国有企业高管薪酬进行管制,会打击国有企业高管工作积极性,甚至会降低国有企业经营业绩并导致优秀国有企业高管的流失。

因此,如何合理地规制国有企业高管薪酬并有效地激励国有企业高管成为我国国有企业高管薪酬改革中的主要问题。而国有企业高管薪酬制度设计的核心问题则是明确我国国有企业高管薪酬的形成机制,找到政府规制下国有企业高管薪酬制度改革的路径。本研究基于分类和分层薪酬制度设计的视角,重新审视国有企业高管薪酬的决定机制。同时,利用上市国有企业的相关数据,定量地研究不同国有企业分类和不同高管身份下高管薪酬制度存在的问题,并结合实证分析的结果,针对性地提出国有企业高管薪酬制度改革的建议。国有企业高管薪酬制度的不断调整,可以优化对国有企业高管薪酬的激励方式,有助于促进国有企业进一步改革的深化,同时也能更好地将国有企业在经济发展过程中的主导优势释放出来。

1.2 研究意义

1.2.1 理论意义

本研究从劳动经济学的视角出发,结合经济学和管理学等相关学科的研究范式和方法,在国有企业高管薪酬基本理论研究的基础上,正确认识国有企业高管薪酬的性质。首先，深入探索和分析国有企业高管薪酬形成的内在机制，对于国有企业高管薪酬理论起到一定的补充作用。其次，从历史变迁的角度回顾国内外国有企业高管薪酬的改革历程，深刻认识政府规制下国有企业高管薪酬制度变革的基本历史发展脉络，有助于找到更加符合中国国情的国有企业高管薪酬改革的思路。最后，研究立足于国有企业高管薪酬的特殊形成背景，从分类和分层的视角对国有企业高管薪酬制度的激励效果进行实证分析，定量研究不同国有企业类型和不同高管身份下国有企业高管薪酬的激励有效性，为政府规制下国有企业高管薪酬差异化改革提供经验性证据和支持。同时，研究也进一步拓展了对国有企业高管薪酬的研究视角。

1.2.2 实践意义

我国国有企业的薪酬制度改革是近年来国有企业改革的重点，也是我国收入分配改革领域中的一个重要配套改革。国有企业高管薪酬制度的改革是推动我国国有企业深化改革的关键环节之一。目前，部分国有企业高管的薪酬问题表现为定位相对偏高，甚至还有部分国有企业的高管薪酬与企业的经营业绩没有挂钩的现象。但是，这实际反映出的是国有企业高管薪酬与国有企业性质和高管身份不相匹配的问题。因此，我国国有企业高管的薪酬问题才引起了社会的广泛关注和争议。目前，我国的经济发展已进入新常态，国有企业高管薪酬制度的改革也应顺应新时期的新特征，在我国全面深化改革当中去不断创造和释放红利，从而为我国经济发展提质增效。本研究分析国有企业高管薪酬的形成机制并定量研究不同国有企业类型和不同高管身份下国有企业高管薪酬的激励有效性，提出分类分层的四种国有企业高管薪酬制度改革模式。本研究对国有企业高管的薪酬改革问题、对国有企业薪酬制度改革的推进和国家总体收入分配改革进程具有重要的现实意义和实践意义。

1.3 研究目的

通过对国有企业高管薪酬制度设计的研究，实现以下研究目标。

(1) 从本质上去判断国有企业高管人员薪酬的性质,对国有企业高管薪酬的形成机制进行分析,通过研究国有企业高管薪酬的形成和运行机制对政府规制下国有企业高管薪酬问题做出准确的和符合实际的论析。

(2) 结合我国目前全面深化改革的时代背景,从分类和分层的视角对国有企业高管薪酬制度的激励效果进行实证分析,定量研究不同国有企业类型和不同高管身份下国有企业高管薪酬的激励有效性,为政府规制下国有企业高管薪酬差异化改革提供理论依据和相关政策的支持。

(3) 从历史变迁的角度,比较分析美国、日本、新加坡以及我国国有企业高管薪酬的历史进程,并得出国外企业高管薪酬历史演变对政府规制下国有企业高管薪酬制度改革的启示。

1.4 研究对象的界定

1.4.1 国有企业

虽然每个国家的社会发展和经济制度都存在一定的差异性,经济发展速度的快慢也不尽相同,但是,国有企业在各个国家经济发展中的作用都不容忽视,它在社会和经济活动中体现出一个国家的意志。国有企业作为一种社会化生产和管理经营方式最早是出现在欧洲的工业发达地区。其中,英国从20世纪40年代开始进行国有化运动,将许多市场上重要部门和行业,如电力、煤炭、运输以及钢铁等收归国家管理。英国政府通过管理控制这些关系国家经济发展命脉的国有企业来促进本国经济发展。德国的国有企业则是第二次世界大战后由国家接收的企业,这些国有企业为重新振兴第二次世界大战后德国的基础经济,如在军事、交通运输、能源使用和开发等方面都曾经起到了重要作用。国有企业占世界经济发展比重最高的时期是在20世纪70年代到80年代,其中发达和发展中国家的国有企业平均占10%左右,苏联的国有企业则占到80%~90%之高[1]。从80年代后期,发达国家开始了私有化浪潮,同时各国国有企业所占的比重也呈现出下滑的趋势。

按照世界银行(1995年)的定义,国有企业是指由政府投资或者参与控制的经济实体，主要收入来源是销售产品或者提供服务[2]。通过发展国有企业可以起到调整一国的经济结构并促进产业结构升级的作用，同时也可以进一步提升国家的国际竞争能力，应对来自国际上的挑战和威胁。根据国有企业的功能和基本性质，国外将国有企业划分为两种类型[3]。第一种类型的国有企业主要追求目标不再是利润最大化，而是强调国有企业提供公共服务的功能和市场失灵时的调节功效。因此，公益型是这一类国有企业的最大特征，通过维护公共的利益起到稳定国民经济的作用，称为"公共企业"。另外一种类型的国有企业是市场化同时又具有竞争性的国有企业，这类国有企业是国家通过参股或者控股进行管理的，可以在市场中自由竞争，股东利益最大化是该类国有企业追求的主要目标，但是政府仍是实际控制这种竞争性的国有企业。

国有企业在我国计划经济时代的名称是"国营企业"，企业的所有资产都是国家所有，所以当时又称为"全民所有制企业"。国营企业是在国家统一计划下，由国家进行统一经营管理的企业。企业的生产资料和各类财产归全体人民共同所有，企业所有权是归属于全体人民的。党的十二大之后，为了与当时有计划的商品经济体制相匹配，"国营企业"变更为"国有企业"[4]。这个时期的国有企业生产资料归国家所有，而经营权则委托给全民所有制企业，企业负责经营管理并对其财产承担相应的民事责任。这一阶段国有企业逐步实现了所有权和经营权的两权分离，从而极大地提升了国有企业的生产经营效率。国有企业在经济发展中起到了弥补市场失灵的作用，成了一种具有特殊发展目标和管理体系的现代化经济组织。伴随着我国社会主义市场经济体制的创建以及国有企业的产权改革，2008年我国制定的《中华人民共和国国有企业国有资产法》中将国有企业称为"国家出资企业"。按照国家出资的所占的比例，国家出资企业可分为国有独资企业、国有独资公司、国有资本控股公司以及国有资本参股公司。2015年8月，《中共中央、国务院关于深化国有企业改革的指导意见》中强调了国有企业归全民所有。按照国有资本的战略定位和不同企业各自的发展目标及业务范围，将我国的国有企业划分为两类：商业类国有企业和公益类国有企业。其中，商业类国有企业主要是通过商业运作来实现增强我国国有经济活力、放大国有资本和国有资产保值增值的目标。商业类国有企业主要分布在我国重要的战略资源行业，如电信、通信、航空、金融等企业。该类企业控制了大量战略性的国有资产，对于激发我国的经济活力具有重要作用。公益类国有企业则是通过政府调控和市场机制的双重手段来保障我国民生、提供公共产品和公共服务。公益类国有企业相对于商业类国有企业而言，该类企业的市场化程度不高。公益类国有企业的经营目标是为社会提供公共产品和服务，如环境保护、供水等企业。

在国有企业深化改革的时代背景下，国有企业的内涵也在不断地发生着变化。本书所研究的国有企业是指在社会主义市场经济条件下，由国家出资或参股控制，向社会提供各种产品与公共服务的企业，主要包括国有独资企业、国有控股企业、国有参股企业三种类型。中央或地方政府代表国家拥有国有企业的资本或主要股份，国有企业享有相应的经营权，为社会提供各类产品和服务。同时，国有企业的经营目标是多元化的。商业类国有企业在国家宏观经济政策的指导下，除了追求企业利润最大化之外，还会通过市场化的商业运作来实现增强我国国有经济活力、放大国有资本和国有资产保值增值目标。公益类国有企业则侧重于追求民生的保障，公共产品和公共服务的提供。

1.4.2　高管人员

高管人员是对企业经营业绩有较大影响力的高级管理人员的简称，高管人员属于各类企业中难以获得的稀缺性人力资源，并且是企业核心竞争力的重要来源之一。高管人员参与企业战略决策的制定，掌握企业的经营管理权，同时也对企业经营效益负有主要责任，属于企业委托代理关系中的代理方。高管人员是在企业中代表一个群体，也称为高管团队[5]。国外学者研究高管薪酬的相关内容时，会将高管人员分为首席执行官（CEO）和非 CEO 两个层面。国外对高管薪酬的研究更多关注于 CEO 的层面。其中，董事长与总经理属于 CEO 的范围，在企业的经营管理中具有较大的权利并能对企业战略目标的实施和发展产生深刻的影响。

中国国有企业的高级管理者简称为国有企业高管，又称为国有企业经营者。在国有企业发展的过程当中，国有企业高管也称为厂长、经理、董事长等。《中华人民共和国公司法》第二百一十六条的第（一）款对公司高级管理人员做出了解释:"高级管理人员是指公司的经理、副经理、财务负责人员,上市公司董事会秘书和公司章程规定的其他人员。"2006年9月国务院国有资产监督管理委员会(简称国资委)颁布的《国有控股上市公司实施股权激励试行办法》中对于高管的解释为:"高级管理人员,是指对公司决策、经营、管理负有领导职责的人员,包括经理、副经理、财务负责人(或其他履行上述职责的人员)、董事会秘书和公司章程规定的其他人员。"2013年1月,国资委颁布的《中央企业负责人经营业绩考核暂行办法》中指出:"中央企业负责人是指国有企业(国有独资企业、国有独资公司和国有资本控制公司)中的董事长、副董事长、董事、总经理、副总经理、总会计师。"

国内对于国有企业高管人员薪酬问题的研究是在1998年中国证券管理监督委员会(简称证监会)强制要求上市公司披露高管人员薪酬水平和薪酬状况之后才开始增多的。国内学者对于国有企业高层管理人员的界定存在不同的口径。吕长江(2008)[6]提出总经理是股东的最终代理,最具代表性,他在研究中仅将总经理视为高层管理人员进行分析。李增泉(2000)[7]的研究中将董事长和总经理视为国有企业内的高层管理人员,他认为董事长和总经理对企业的业绩影响最重要,其他人影响相对较小。魏刚(2000)[8]认为监事会成员大部分是国有企业高级管理层的成员,将高级管理人员界定为董事会成员、总经理和监事会成员三部分。李芳和李实(2014)[9]的研究中将把国有企业高管视为企业内部的高级管理层,包括企业董事长、总经理、副总经理、执行董事、财务总监等。此外,部分学者认为国有企业高管还包括了企业的党委书记和工会主席。

综合国内外学者对国有企业高管人员的相关界定,本研究所涉及的国有企业高管人员是指企业内部负责企业战略制定、控制经营管理方向、协调组织内部运作并拥有企业相关决策权和控制权的企业高级管理层,主要涵盖了董事长、总经理、副总经理、董事会秘书以及财务总监等人员。采取较为宽松的口径去界定国有企业高管人员主要是基于以下两个方面因素的考虑:首先,由于我国国有企业发展的特殊时代背景和国有企业的独有性质,本研究认为企业生产活动的有效性会受到来自企业董事长和总经理的影响,同时其他高管人员在企业战略制定和实施中也发挥着不可替代的重要作用;其次,考虑到国有企业高管薪酬研究数据来源于上市公司的年报，受到数据可获得性的限制，采用宽口径来定义国有企业高管人员，可以减少数据的误差并提高研究的可行性。

1.4.3 高管薪酬的性质

薪酬是20世纪90年代在我国开始广泛使用的一个外来词汇[10]。薪酬在经济学中最初称为工资，指的是劳动力价格。它对劳动力供需、劳动力流动以及劳动力资源配置等方面都起到了决定性的作用。随着现代人力资源管理理念逐步传入中国，传统人事管理中的"工资"一词被"薪酬"所替代。薪酬在英文中为"compensation"，具有回报和弥补的含义。薪酬就其本质而言是雇佣关系的产物，也是雇主对雇员所付出辛苦劳动而提供的相应回报或酬劳。

现阶段学术界关于薪酬的界定可以分为最宽、中等和最窄三种口径。最宽口径的薪酬是将其等价于报酬，包括了从工作所获得外在报酬和内在报酬两类[11]。其中，外在报酬是指劳动者通过工作所获得金钱、福利、晋升等，而内在报酬是指劳动者通过工作赢得尊重、工作的成就感等心理形式的非经济性回报。中等口径的薪酬界定是将薪酬定义为劳动者通过劳动所获得各种形式的经济性收入或服务以及福利。最窄口径的薪酬主要是指货币形式的薪酬。本研究中所涉及的国有企业高管薪酬是最窄口径的薪酬，即高管所获得的货币性薪酬。

我国国有企业高管薪酬主要由基本薪酬、激励薪酬和其他收入三个部分。基本薪酬是依据高管所从事的工作和能力而获得固定薪酬部分，与企业的经营绩效无关。激励薪酬主要包括绩效奖金、股权激励等，这部分薪酬是与企业的绩效紧密联系的。其中，股权激励属于中长期激励形式，需要高管在企业工作服务若干年后才能兑现。证监会2006年颁布的《上市公司股权激励管理办法》中规定："我国允许上市公司以限制性股票、股票期权及其他方式实行股权激励计划。"近几年来，高管股权激励的薪酬方式也在我国得到了积极的探索。考虑到未来股票价值和股票期权的不确定性，大多数研究高管薪酬的文献在薪酬界定中都不包括股权激励。所以，本研究不将股权激励纳入国有企业高管薪酬的研究范围。其他收入如在职消费，属于现实中难以观察和获取的数据，本研究也不纳入高管薪酬的研究范围。因此，本研究所涉及的国有企业高管薪酬是狭义的货币薪酬，并且不包括高管股权激励和其他收入。此外，考虑到每个国有企业高管的人数差异性、国有企业高管薪酬数据的可获取性和实证研究的可行性，本研究的实证部分数据主要来源于上市国有企业年报中的薪酬最高的前三名高管货币薪酬。

国有企业是社会主义市场经济体制顺利运行的基础，承担着国有资产的保值增值，激发我国国有经济活力、保障我国民生、提供公共和服务的重要功能，这也是与普通非国有企业的区别所在。商业类国有企业特别强调其"营利性"，公益型国有企业则更为注重自身的"公益型"。作为我国国有企业高管，一方面是国有企业的高层管理者；另一方面他们也是企业内部的劳动者。基于国有企业的特殊性和国有企业高管的双重性，国有企业高管薪酬具有以下性质。

1. 高管薪酬是高管工作业绩和国有企业经营状况的反馈

薪酬的本质是雇佣关系的产物，国有企业高管薪酬同样也是国有企业对高管所付出辛苦劳动而提供的回报。因此，国有企业高管提供的劳动是其获得薪酬的主要依据。高管薪酬所提供的劳动应该包括完成所在岗位的工作职责、工作任务的复杂程度以及付出的工作时间等多种因素。由于高管拥有国有企业发展中的各种重大决策和控制权，所以高管工作业绩会直接影响到国有企业的经营状况。为了更好地激励国有企业高管，将薪酬与高管业绩和企业经营相挂钩可以使其个人目标与国有企业发展目标相协调。苏海南（2013）[12]在论述合理的工资收入分配关系中谈到，合理的工资收入分配关系是在资本与劳动利益分配合理的基础上，各种劳动要素获得自身应得的劳动报酬，并将劳动报酬进行比较的结果。因此，合理科学的高管薪酬是能够真实地反映出国有企业高管的工作努力程度和国有企业经营状况的。

2. 高管薪酬是高管所用的特殊人力资本价值在国有企业中的实现形式

高管薪酬不仅是企业对于高管工作的回报，同时也是高管自身稀缺人力资本在劳动力市场中的价值体现。高管拥有特殊的管理才能，而且这种才能呈现出较为稀缺并且难以模仿的特质。高管作为一种特殊的人力资本在劳动力市场上本身就具有较高的价值，高管的能力和水平远远高于普通员工，所以二者之间的薪酬存在一定差距。在高管工作过程中其自身的人力资本也会不断地增值，而国有企业的绩效的提高和竞争优势的获取也离不开高管这种稀缺的人力资本价值的增值。因此，国有企业要想获得并使用高管的人力资本，就必须依据市场薪酬水平来支付高管人员的薪资。但是，我国国有企业的特殊性和高管的选任背景较为复杂，所以国有企业高管的薪酬也不能完全由市场决定，还需要有政府的参与和调节[13]。与此同时，国有企业也需要考虑自身企业类别，结合企业的实际经营状况选择恰当的高管薪酬模式来激励高管，从而充分体现高管这一特殊的人力资本价值。

3. 高管薪酬是高管参与国有企业收益分配的契约

高管薪酬是国有企业和高管之间的一种契约，反映了两者之间的收益分配问题。马克思认为劳动创造价值，剩余价值同样也来源于劳动。委托代理理论认为剩余索取权的分享可以有效降低高管的代理成本。人力资本的产权理论则认为高管是其人力资本的所有者。因此，高管有权参与企业剩余的分配，具有剩余价值的索取权。在现代企业所有权与经营权分离的条件下，高管是最熟悉和了解国有企业自身经营状况的人。而在信息的不对称的条件下，为了促进管理者更好地维护国有企业权益，企业剩余索取权可以通过薪酬契约分享给管理者使国有企业的经营更加高效[14]。设计高管与国有企业利益相融的薪酬契约，一方面可以降低国有企业高管的代理成本；另一方面也能使高管参与到国有企业的收益分配中并承担相应的经营风险，最终形成对国有企业高管的激励与约束。

1.5 研究思路、方法及内容安排

1.5.1 研究思路

国有企业高管薪酬制度改革不仅是劳动经济学领域所关注的问题，同时也是我国一个历史性和政治性的问题。因此，国有企业高管薪酬制度改革问题的研究，需要从多学科和多维度上综合把握。首先，本研究主要基于分层和分类的视角研究国有企业高管薪酬制度设计，并对国有企业高管薪酬形成的内在机制进行探索分析；其次，对国有企业高管薪酬的历史演变和国有企业高管薪酬的现实情况做出分析和判断，明确国有企业高管薪酬制度改革的思路和方向；最后，从分类和分层的视角对国有企业高管薪酬制度的激励效果进行定量化的研究并得出结论，在借鉴国外企业高管薪酬设计的基础上，为国有企业高管薪酬制度设计提供政策依据。

本研究的技术路线图如图 1.1 所示。

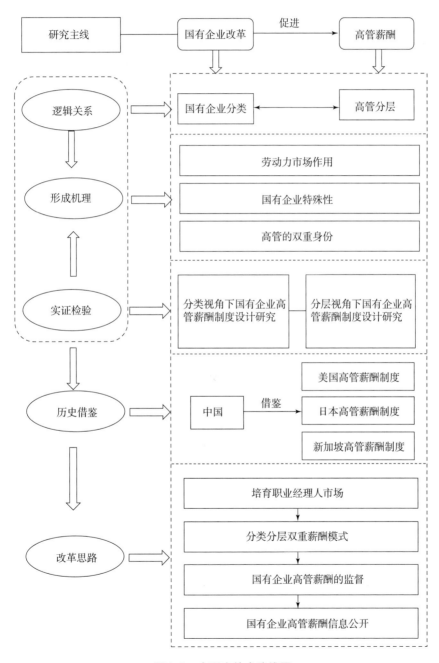

图 1.1　本研究技术路线图

1.5.2 研究方法

(1) 文献研究法。通过系统收集、查阅和分析现存的与国内外国有企业高管薪酬相关的各种以文字、数字等信息形式出现的文献资料，重点掌握国内外学者和改革实践者对国有企业高管薪酬制度改革研究的问题与方法，以及研究中存在的不足和问题，为本研究提供线索以及发现问题的思路和路径。

(2) 比较分析法。比较美国、日本、新加坡以及中国国有企业高管薪酬的历史演变过程，并从中得出国外企业高管薪酬制度对中国国有企业高管薪酬制度设计有益的启示。

(3) 理论分析法。应用劳动经济学、管理学以及其他相关学科领域的理论对我国国有企业高管薪酬的形成机理进行深入分析和探讨，为之后实证分析和国有企业高管薪酬制度设计建议的提出奠定理论基础。

(4) 实证研究法。通过统计性描述，对国有企业高管的薪酬现状进行定量化的研究，之后利用相关统计软件进行多元线性回归建立计量经济模型，在分类和分层的视角对国有企业高管薪酬制度的激励效果进行分析。

1.5.3 研究内容

本书分为8章，本书的总体框架安排如图1.2所示。

第1章绪论。主要从国有企业高管薪酬改革的研究背景出发，提出国有企业高管薪酬制度设计的研究问题，阐述国有企业高管薪酬改革的理论和实践意义，明确研究目的和研究对象，并进一步说明本书的主要研究内容和研究方法，最终提炼出本研究可能的创新之处。

第2章国有企业高管薪酬相关理论研究基础。这部分首先介绍了高管薪酬的基本理论；然后应用文献计量分析法对国内外国有企业高管的薪酬研究进展进行分析和评述，为进一步结合我国国有企业深化改革的特殊背景研究国有企业高管薪酬提供基础理论支撑。

第3章国有企业高管薪酬的形成机制分析。这部分主要从国有企业高管特殊的劳动力市场环境、国有企业和高管之间的委托代理关系以及双重身份对国有企

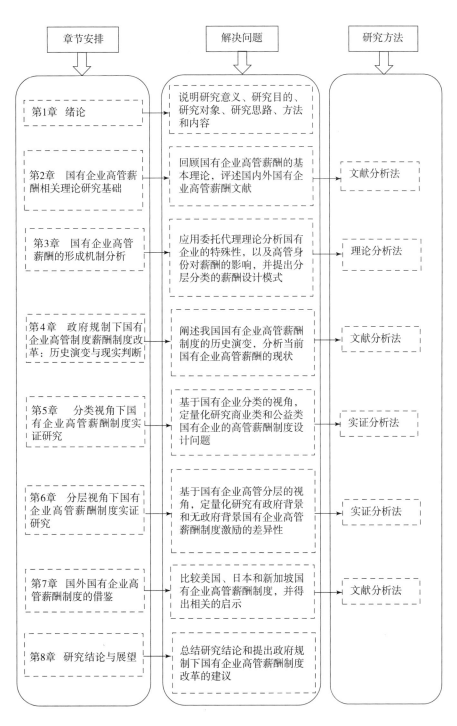

图 1.2 本书总体框架安排

业高管薪酬的影响进行理论分析。最终得出高管双重身份的特殊性，使得高管保留薪酬不是由经理人的市场均衡价格所决定，而是成为内生于政府的选择。这样就造成来源于政府委任的国有企业高管所获得的薪酬高于实际应得薪酬，来源于市场的职业经理人薪酬的激励效果不足。

第 4 章政府规制下国有企业高管制度薪酬制度改革：历史演变与现实判断。主要从中国国有企业的演变过程，国有企业高管薪酬制度的变化，以及国有企业高管薪酬现状的分析三个方面进行了阐述。梳理了国有企业高管薪酬制度改革的基本历史发展脉络并分析目前我国国有企业高管薪酬的基本情况，明确未来国有企业高管薪酬制度改革的思路和方向。

第 5 章分类视角下国有企业高管薪酬制度实证研究。基于国有企业分类的视角，用定量的分析手段去研究商业类和公益类国有企业的高管薪酬制度设计问题。最终得出商业类国有企业薪酬制度的激励效果要好于公益类国有企业高管薪酬的激励效果的结论，进而提出分类化设计的国有企业高管薪酬制度改革的思路。

第 6 章分层视角下国有企业高管薪酬制度实证研究。在国有企业高管身份分层的视角下，实证分析通过研究不同身份来源国有企业高管薪酬的激励差异性来判断国有企业高管薪酬制度的问题，并提出分类分层的四种国有企业高管薪酬模式，为国有企业高管薪酬差异化改革提供经验性证据和支持。

第 7 章国外国有企业高管薪酬制度的借鉴。这部分从历史变迁的角度比较了美国、日本和新加坡的国有企业发展和国有企业高管薪酬的变化，从而得出美国、日本和新加坡国有企业高管薪酬制度对我国国有企业高管薪酬制度设计的启示。

第 8 章研究结论与展望。总结本研究得出的主要结论，提出国有企业高管薪酬制度设计的建议，并探讨未来的研究方向。

1.6 研究的创新

（1）学者们从高管薪酬和绩效、高管薪酬和公司治理、高管薪酬管制、高管薪酬信息披露等多方面对高管薪酬作了研究。目前，对我国国有企业高管薪酬形成问题进行系统研究的成果还不多。本研究将重点关注"国有企业高管薪酬的形成机制"，对国有企业高管薪酬制度设计问题从分类分层的视角进行系统的理论研究和实证分析。本研究相对仅仅从实证角度研究国有企业高管薪酬的文献而言，更主要是对国有企业高管薪酬的形成机制进行深入的理论分析和研究，具有一定的理论意义。

（2）在国有企业高管薪酬改革的研究中，学者们从定性分析的角度已经提出了分类改革国有企业高管薪酬的思路，但是在分类分层双视角下对国有企业高管薪酬的定量研究和分析还不多，这也是本研究对国有企业高管薪酬制度研究的一个重要内容和主要的创新之处。

（3）在梳理和借鉴相关国有企业高管薪酬研究文献的基础上，本研究从历史演变的角度，详细分析了国有企业高管薪酬制度变革的基本历史发展脉络和目前我国国有企业高管薪酬的基本情况，同时，还借鉴了美国、日本、新加坡国有企业高管薪酬制度的改革经验，结合实证分析提出分类和分层视角下国有企业高管差异化薪酬改革的建议。

第2章
国有企业高管薪酬相关理论研究基础

2.1 高管薪酬的基本理论

薪酬理论是源于古典和现代经济学中的工资理论。早在17世纪末18世纪初,工资问题就成了古典经济学涉及的研究内容之一。威廉·配第所提出的"最低工资理论"是将工资视为维持工人最低生活水平所必需的各种各样生活资料的价值[15]。亚当·斯密在《国富论》一书中阐述了工资决定问题,他提出资本主义制度下的工资,只是工人劳动生产的一部分,而工人劳动生产的其他部分则构成了地租和利润。他将工人所提供的各种劳动视为商品,工资就是劳动的价格和价值,有它的市场价格和自然价格,最终取决于社会经济活动中的供求关系[16]。此外,亚当·斯密的差别工资理论还对工资水平的参差不齐做出了解释,他提出工资水平差异的主要原因是受到职业性质和工资政策的影响。李嘉图的工资理论认为工资是工人出卖自身劳动力而获得的相应回报,因此他提出劳动和其他商品类似也同样具有自然价格和市场价格[17]。19世纪末,现代工资理论的开创者美国学者克拉克在《财富的分配》一书中提出了边际生产率工资理论[18]。马歇尔[19]提出了供求均衡工资理论,该理论是基于供求均衡价格理论,从生产要素的需求和生产要素供给来阐述工资的决定问题,他提出工资是雇主对劳动的需求价格和雇员劳动供给价格达到市场均衡时所形成的价格。工资水平是由生产要素的供给和需求两方面共同作用而形成的[20]。以上经典的工资理论都对高管薪酬理论的形成起着重要的促进作用。目前,具有代表性的高管薪酬理论有效率薪酬理论、委托代理理论以及人力资本理论。

2.1.1 效率工资理论

效率工资的概念最早由美国经济学家索洛在《工资黏性的另一可能源泉》中提出[21]。"效率工资"是指超出劳动率产出水平的工资。效率薪酬理论最早提出是为了解释工资的刚性。索洛通过研究工人工资和生产效率的关系,得出工人工资与企业的生产效率有着较强的正相关关系。企业采用较高的工资水平可以提高工人的劳动效率,从而起到提高企业利润的作用。因此,当劳动力市场存在劳动力过剩的情况下,企业也不会降低工人工资,仍然保持较高的效率工资来维护企业高水平的生产效率和利润。效率薪酬理论认为给员工支付超过市场水平的效率工资,可以促进员工更努力的工作,达成对员工薪酬激励目的。当企业利润最大化时所对应的员工薪酬就是效率工资,代表着单位劳动成本最低的薪酬水平。同时,员工的劳动生产率会随着企业支付薪酬的增加而不断提高。效率薪酬可以较好地发挥激励员工的作用,它已经成为企业吸引员工的有效手段,不仅可以提高员工的忠诚度还能减少员工偷懒的行为,形成了激励与约束的双向作用[22]。

随后,夏皮罗和斯蒂格里茨进一步发展并完善了效率工资理论,并建立了著名的效率工资模型——怠工模型。该模型在索洛研究的基础上,通过企业和员工的博弈使得工资和失业率达到均衡。怠工模型进一步清晰地阐述了效率工资的决定机制,同时也揭示了效率工资会导致部分工人非自愿失业的产生。企业通过给员工支付高水平的工资,一方面提高工人工作的积极性;另一方面也惩罚了偷懒的工人,使其面临失业的风险。

2.1.2 委托代理理论

委托代理理论是由伯利和米恩斯于 1932 年在《现代公司与私有产权》中共同提出的,他们认为所有者兼顾经营者双重身份的弊端较大,建议将企业中所有权与经营权相分离。通过这种方式,所有者就可以保留对企业利润的剩余索取权,将企业的经营权让给代理者。委托代理理论研究的主要内容是在双方信息不对称的条件下,分析委托者如何设计一种机制来激励代理者积极工作,从而增加委托者的效用。在委托代理的关系中,经常会发生委托者与代理者的目标存在差异的状况。委托人追求的目标是股东利益和企业价值的最大化,而代理者更想实现自身收益的最大化,二者目标的差异性会引发会他们彼此的利益矛盾和冲突。此外,委托者和代理者之间的信息不对称,委托者无法直接观察代理者的各项经营活动,导致代理者会有偷懒或机会主义等行为。假设代理者采取的经营活动没有效率,那么代理者的行为就会严重影响到委托者的利益,迫使企业承受较高的代理成本。为了有效减少代理者的各种无效行为,委托者就需要对代理者进行监督和激励,通过有效的契约使代理者的行为更加符合委托者的目标[23]。目前,委托代理理论的研究重点就是如何对代理者进行约束和激励。主要的激励与约束措施是给与代理者剩余索取权,这样就能减少代理者和委托者之间的目标差异性。同时要对代理者的各种经营活动进行必要的监督和评价,并给与相应的奖励,如年薪、股票激励等,这样就可以尽可能地降低信息不对称所造成的影响。张维迎(1995)[24]在国有企业改革的相关研究中谈到给与经营者剩余索取权要比给与企业员工更有效率,同时也能让经营者实现对自己的监督,改善经营者的工作积极性。剩余索取权是一项企业总收益扣除合约报酬后剩余额的索取权利,也就是对企业经营利润的索取。在现代企业所有权与经营权分离的条件下,企业的管理者熟悉并全面负责企业的各种经营事务。而在信息不对称的条件下,为了促进管理者更好地维护企业和所有者的权益,企业剩余索取权只有分享给管理者才能使企业的运行更加高效,即企业的剩余索取权应该由剩余价值的创造者所拥有。"剩余索取权"对维护企业所有者的利润、激励企业管理人员以及防止管理者偷懒方面发挥着重要的作用。国有企业当中国家与国有企业高管的关系就属于委托代理关系,因此委托代理理论对我国国有企业高管薪酬的改革具有一定的借鉴作用。

2.1.3 人力资本理论

1960,舒尔茨在《人力资本的投资》中第一次提出人力资本理论,构建并形成了人力资本理论的基本框架[25]。1964 年,贝克尔在《人力资本》中从微观研究的视角对人力资本理论进行了进一步的探索和分析，弥补了舒尔茨仅注重宏观分析的不足。人力资本理论对薪酬的形成具有重大的影响，尤其是能力薪酬的形成。人力资本理论认为资本可以分为实物资本和人力资本两种，其中人力资本可以通过教育、培训、医疗保健和劳动力流动五个方面的投资形成。人力资本主要表现为蕴含于劳动者身上的知识、技能、体力和经验等能力的总和。只有当人力资本投资的预期收益（劳动者所获得薪酬）高于目前对人力投资所付出的成本时，人们才会产生对人力资本投资的意愿。正是因为通过人力资本投资得到的回报远远大于当前的教育和培训等人力资本投资，他们才愿意投资。人力资本理论可以较好地解释企业内员工工资差距产生的原因和职位工资的差别。从人力资本的产权来看，国有企业高管是其自身人力资本的所有者，那么他们就有权利同物质资本一样享受利润的分配，同时承担相应的风险。

国有企业高管的人力资本是指国有企业高管在企业中从事战略性决策和岗位工作中承担重要责任所需要具有较为丰富管理知识、经营管理技能和综合问题的处理能力。国有企业高管人力资本的特殊性表现在以下几个方面。

（1）国有企业高管人力资本是高异质性的。国有企业高管在企业经营中需要从国有企业长期发展的角度整合企业资源，组织各种生产活动，为国家和企业获得经济和社会效益的增加。国有企业高管人力资本的高异质性是通过高管早期的教育投入，工作中的管理技能培训和在管理岗位中长期实践中而逐步形成的，与其他普通职工的人力资本具有显著差异，它是国有企业生产活动中最核心的人力资本，对国有企业长期发展起到了极为重要的作用。

（2）国有企业高管人力资本具有创新性。国有企业高管从事的管理活动是非程序化和动态的。为了达到国有企业预期的经营目标，国有企业高管需要在工作中具有一定的创新性，能够应对外界复杂的经营环境。

（3）国有企业高管人力资本的难以获取性。基于国有企业高管人力资本的高异质性可以发现国有企业高管人力资本的形成需要较长周期的投入。具有创新性的人力资本也不是仅仅通过早期的教育和培训就能在管理者身上形成的，而是需要通过在管理岗位上不断实践和锻炼后才能拥有。

（4）国有企业高管人力资本的高投入和特殊形成方式使得国有企业高管

人力资本在劳动力市场上具有明显的稀缺性,并获取难度较高,国有企业高管薪酬是高管人力资本在国有企业中的一种价值体现形式。劳动力市场上由于高管人力资本具有高异质性、创新性、难以获取性的特质,这种特殊的人力资本在劳动力市场上具有较高的价值。伴随着国有企业高管在工作中的不断实践,高管自身的人力资本也会不断增值。而国有企业绩效的提高和竞争优势的获取也离不开高管这种稀缺人力资本价值的增值。因此,国有企业要想获得并使用高管的人力资本,就必须设计有效的薪酬制度来支付高管人员的薪资。

2.2 国内外企业高管薪酬研究的进展

2.2.1 国外企业高管薪酬研究的进展

本研究借助可视化的文献计量工具 CiteSpaceⅢ,使用文献共被引分析的功能对国外高管薪酬的文献进行分析和计量,进而分析国外近年来高管薪酬的研究热点和研究演变过程。文献检索以"CEO compensation"和"Executives compensation"为主题词,在 Web of Science 的核心集数据库中检索到 2006—2016 年有关于高管薪酬的文献共计 704 篇。在 CiteSpaceⅢ软件中将文献时间区域设为 2000—2016 年,时间分区的长度设置为 1 年。选择"共被引"进行引文分析,节点阈值设置为每个时间段出现频次最高的 30 篇被引文献,通过聚类分析可以得到高管薪酬文献共被引和凸显主题词的混合知识图谱(图 2.1)。

通过可视化的文献计量工具 CiteSpaceⅢ中的聚类分析可以看到国外对高管薪酬的研究主要集中以下几个方面:绩效薪酬(performance pay)、股东主义(shareholder activism)、高管薪酬(executive compensation)、薪酬信息(compensation information)、董事会的规模及构成(board size and composition)、期权(executive options)。通过对高管薪酬的高被引经典文献(表 2.1)和前沿文献进一步地阅读,可以将国外高管薪酬研究热点归纳为以下几个方面。

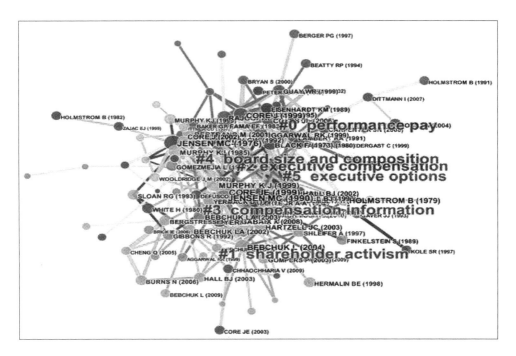

图 2.1　高管薪酬文献共被引和凸显主题词的混合知识图谱

表 2.1　前 10 篇高管薪酬研究高被引文献

作者	文献名称	被引次数
Jensen，等（1990）	Performance pay and top-management incentives（绩效薪酬和高管激励）	180
Jensen，等（1976）	Theory of the firm：managerial behavior, agency costs and ownership structure（公司理论——管理行为，代理成本和所有权结构）	170
John E. Core（1999）	Corporate governance, chief executive officer compensation, and firm performance（公司治理、高管薪酬和公司绩效）	150
K. J. Murphy（1999）	Executive compensation（高管薪酬）	98
L. Bebchuk（2006）	Pay without performance：The unfulfilled promise of executive compensation（无绩效的薪酬：高管薪酬未实现的承诺）	97
J. Core（1999）	The use of equity grants to manage optimal equity incentive levels（使用股权获得最优股权激励水平）	95

续表

作者	文献名称	被引次数
B. Holmstrom（1979）	Moral hazard and observability（道德风险和可观测性）	92
Hall，等（1998）	Are CEOs really paid like bureaucrats?（高管的薪酬是官僚主义式的支付吗?）	85
Bebchuk 等（2003）	Executive compensation as an agency problem（高管薪酬是一个代理问题）	79
Smith C W（1992）	The investment opportunity set and corporate financing, dividend, and compensation Policies（投资机会集与公司财务、股息和薪酬政策）	77

1. 高管薪酬与绩效

国外关于高管薪酬研究是在经典的委托代理理论视角下，对高管薪酬和企业绩效展开理论和实证方面的探讨。其中，部分学者的研究表明高管薪酬与绩效的关系不紧密。如 Jensen 等（1990）对高管薪酬和绩效的关系进行了研究，结果显示股东财富每变动 1 000 美元，CEO 财富就会随之变动 3.25 美元。这说明高管薪酬对绩效的敏感度较低，未能实现对高管的薪酬激励作用[26]。Yermack（1995）[27]研究中使用布莱克－斯科尔斯模型检验 CEO 股票期权与对降低代理成本的变量是否具有显著联系，结果显示委托代理理论并没能有效地解释 CEO 股票期权激励，高管的薪酬合同普遍缺乏激励性。Banghoj 等（2010）[28]在对私人企业研究中发现高管薪酬与绩效的联系不紧密。

另一些学者则认为高管薪酬与企业绩效有着紧密的联系。Jensen 等（1976）[29]提出高管薪酬有助于提高企业绩效并增加股东财富的预期，同时也可以起到约束高管作用并为企业吸引高级人才。Holmstrom（1979）[30]认为奖励应该以股权激励为基础，因为实现股权激励的信息可以决定高管的绩效行为。高管薪酬与绩效之间存在相关性关系，薪酬是由高管的绩效贡献而决定的。Hall 等（1998）[31]的研究表明公司的业绩与高管薪酬有着密切的联系，主要是由于高管持有的股票和期权价值的变化，使得高管的薪酬水平以及薪酬与绩效的敏感性自 1980 年后显著上升。Murphy（1999）[32]在对高管薪酬的研究中提出高管薪酬对绩效的敏感性因企业所属的行业和公司的规模而有差异性。随着股票期权激励的增加，薪酬对绩效的敏感性发生了变化。基于股票的激励成为改变高管行为和企业绩效的重要驱动力。Frydman 等（2007）[33]采用 1936—2005 年的高管薪酬长期变化的面板数据研究发现高管薪酬对绩效的敏感性与薪酬水平变化并不是总是一致的。Graham 等（2009）[34]认为在竞争激烈的就业市场中，通过绩效表现出来拥有更高能力的 CEO 往往会得到较高的薪酬。

2. 高管薪酬与公司治理因素

国外学者认为，公司治理方面的薄弱和允许 CEO 决定自己的薪酬是导致高管薪酬水平偏高的原因。Jensen（1993）[35]从内部控制的角度分析企业内部控制的失败会使得 CEO 有权控制董事会，降低了高管薪酬约束性，不利于公司业绩的提升。Core 等（1999）[36]发现公司治理结构较弱的企业有较大的代理问题，有较大代理问题企业的首席执行官反而可以获得更高的薪酬。Bebchuk 等（2003）[37]提出了"管理权力理论"，并从管理层权力理论的角度解释高管薪酬的问题。研究发现董事会对高管薪酬的控制是无效的，高管可以通过管理权力来安排自己的薪酬，管理者权力越大对高管薪酬的影响程度就越高。Bebchuk 等（2006）[38]研究中谈到公司治理方面的缺陷导致高管可以通过管理权力来获得更多的薪酬，同时也降低了高管薪酬对绩效的敏感度。Khana 等（2005）[39]对公司所有权的集中和分散对高管薪酬的影响进行了研究，结果显示所有权的分散会影响股东的监控效果并引起高管薪酬的增加。Petra 等（2008）[40]对董事会结构和高管薪酬做出了分析，结果显示董事会可以控制高管薪酬的水平。当 CEO 不兼任董事会主席，董事会数量受到限制，当董事会规模小于或等于 9 个成员时，企业更容易将 CEO 的薪酬水平控制在一个较低的水平。Ferri 和 Maber（2009）[41]认为"薪酬话语权"促进股东行动主义的提升，让所有者在董事会薪酬的决定方面有了更多的权力和影响力。股东投票可能成为降低高管薪酬的一个机制。Acharya 等（2010）以及 Dicks（2010）的研究均表明公司治理薄弱的企业通过外部市场竞争获得高管人才，导致了高管薪酬水平的进一步上升。Guest（2010）[42]研究了股东结构对高管薪酬的影响，通过对 1932—2002 年英国 1 880 家企业的数据研究中发现，非执行董事对高管薪酬的水平控制发挥着重要的作用，同时也加强了高管绩效和薪酬水平的联系。Frydman 等（2010）[43]认为管理权力和市场竞争是决定高管薪酬的主要因素。Morse 等（2011）[44]研究中认为强大的 CEO 通过劝诱董事调整绩效评价的方式来操纵激励薪酬，从而获得更高的薪酬。

3. 高管薪酬与股票期权

Core 等（1999）[45]提出给高管授予期权和限制性股票有助于实现高管最优股权激励水平。Hall 等（2003）[46]的研究报告中谈到基于绩效的激励性薪酬——"期权"已经成为了高管薪酬的主要组成部分。Cordeiro 等（2003）[47]的实证研究结果表明高管拥有的股权与现金报酬之间是负相关的关系，给与企业高管较多的股权有助于高管帮助企业实现股票价值最大化。Coles 等（2006）[48]从高管薪酬和公司政策的角度对高管薪酬进行了分析，研究显示高管薪酬与公司的投资政策、负债政策以及风险之间存在较强的因果联系。当 CEO 财富对于股票波动的敏感度越高时，CEO 会受到较大激励去实施高风险政策；同样高风险政策也会使高管薪酬表现为股票波动敏感性高和绩效敏感性低的结构性特征。Benmelech 等（2007）[49]认为基于股票的薪酬比基于现金的薪酬更有利于激励高管，同时能保证高管与股东的目标一致。Billett 等（2010）[50]认为基于股权的薪酬有助于经理股东获益，但却加大了股票持有者和债券持有者之间的冲突。Aboody 等（2010）[51]研究结果表明员工的股票期权可以帮助改善公司业绩，吸引和留住企业的关键员工，但其这个优势主要体现在高管方面。

4. 高管薪酬与薪酬信息披露

高管薪酬设计的难点就在于调整所有者和管理者的利益以及由此产生的代理问题。Bebchuk 和 Fried（2003）、Muslu（2009）以及 Morse（2010）等认为解决这些问题的有效途径之一就是提供充分的薪酬信息披露。Lo（2003）[52]通过调查发现企业最初是反对薪酬披露的，但是一旦薪酬披露政策成为强制性的制度，企业随后会有更高的股票回报率。Frantz（2006）的研究则表明缺乏自愿披露的信息可能会导致企业负的股票回报。Henry（2008）[53]认为薪酬信息披露有很多好处，薪酬披露和公司治理在降低并解决代理问题中的作用是相辅相成的。Laksmana（2008）[54]的研究中提到薪酬信息披露可以减少信息不对称的问题。Karamanou 等（2009）认为自愿薪酬披露为董事会和公司治理提供了一个新的途径，具有良好治理结构的公司更倾向于自愿提供更高透明度的薪酬政策。通过适当的薪酬信息披露，股东可以随时查看高管薪酬同时也可以增强董事的权力。Bizjak 等（2011）[55]研究认为提高企业高管薪酬的信息披露可以使高管薪酬契约更为有效。Hermalin 等（2012）[56]则认为增强高管薪酬信息披露会使得高管薪酬增加，但是对高管薪酬的激励效果会有所减弱。

国外学者除了从企业绩效、公司治理、股票期权以及信息披露等方面对高管薪酬进行分析之外，他们从人力资本的角度对高管薪酬进行了研究。Agrawal（1981）[57]提出企业高管人力资本的投资状况决定了高管的边际生产率，而边际生产率又影响高管的薪酬水平。他认为具有较高能力的高管可以为企业创造高额的利润，因此高管应该获得较高的薪酬水平。此外，他还发现教育水平对高管薪酬有正向影响。Lazear（1981）[58]认为企业经理的教育水平是一种市场信号，它可以反映经理的工作能力，经理人薪酬会随着其教育水平提升而上涨。Harris 等（1997）[59]认为人力资本对组织 CEO 继任者的薪酬水平具有决定性的作用。James 等（2003）[60]实证研究发现高管具有独特的知识和经验等人力资本，可以为企业创造较高的绩效，因此企业愿意给高管支付高薪酬，他认为高管所具备的人力资本是解释企业高管较高薪酬的重要因素。Anand（2005）[61]研究中发现在人力资本更密集的公司高管会获得更高的薪酬。

总体而言，国外对高管薪酬决定因素的研究集中在企业绩效、公司治理、信息披露以及人力资本等几个方面。但是，在不同研究背景和数据资料的支撑下，高管薪酬的影响因素往往是矛盾的甚至是相反的，国外学者对企业高管薪酬研究呈现出多元化的研究方向。

2.2.2 国内企业高管薪酬研究的进展

中国上市企业高管的薪酬数据是 1998 年在证监会的强制规定下才逐步公开和完善的。我国学者对企业高管薪酬研究的文献集中出现在 2000 年之后。因此，以"国有企业高管薪酬"为检索主题词，在知网（CNKI）期刊中检索到 2000—2016 年有关于高管薪酬的核心期刊文献共计 295 篇。2006—2016 年 11 年中高管薪酬文献数量变化趋势如表2.2所示。从表2.2中可以看出，2009年"天价薪酬"事件以及"限薪令"的发布后，我国高管薪酬研究的文献数量整体呈现出急速上升趋势，每年关于国有企业高管薪酬方面的论文数量都保持在一定水平上，从中可以看到近年来我国学者对国有企业高管薪酬改革方面的研究热度在不断加强。

表2.2 2006—2016年国有企业高管薪酬文献数量统计表

年份/年	2006	2007	2008	2009	2010	2011	2012	2013	2014	2015	2016
文献/篇	3	5	8	49	30	26	29	30	42	37	27
比例/%	1.0	1.7	2.8	17.1	10.5	9.1	10.1	10.5	14.2	14.7	9.4

2.2.2.1 国内高管薪酬影响因素的实证研究

中国高管薪酬的实证研究始于魏刚（2000）和李增泉（2001）的两篇文章。国内高管薪酬影响因素的实证研究主要集中在高管薪酬与公司绩效方面。魏刚（2000）通过上市公司的数据对高管激励和公司绩效进行实证分析的结果显示，高管薪酬与公司绩效之间无显著正相关关系，而与企业规模正相关，高管持股水平较低，没有达到应有的激励效果[62]。李增泉（2001）通过回归模型研究发现高管薪酬与企业绩效不相关，与企业规模相关并呈现出地域差异[63]。邵平等（2008）对金融类企业高管薪酬业绩影响因素进行分析，发现与其他类型企业的影响因素有所差异[64]。刘绍娓等（2013）[65]将国有和非国有企业高管薪酬对绩效影响的差异性进行比较分析的结果显示，高管薪酬与绩效显著相关，其中国有企业高管薪酬增加对绩效的影响比于非国有企业中的效果明显。企业规模、高管持股数和股权的集中度的变化也会不同程度地影响到高管薪酬与绩效之间的关系。李维安等（2014）通过2009—2012年高管薪酬与业绩脱钩公司的研究发现，高管薪酬的主要问题来自薪酬与业绩的紧密关联程度。在高管薪酬与业绩脱钩公司中，高管薪酬较低的公司高管薪酬与业绩关联程度低。同时，公司高管权力大小也会影响到高管薪酬与业绩的关系[66]。

此外，国内学者还从高管薪酬与公司治理方面对薪酬的决定因素进行分析。周佰成等（2007）对中国上市公司中公司治理、绩效以及高管薪酬的关系进行实证检验，提出高管薪酬主要由公司规模、股东背景、行业工资水平等因素决定的[67]。杜兴强等（2009）研究中发现两职合一与高管薪酬正相关，两职合一会带来高管薪酬的增加[68]。代彬等（2011）研究中发现国有企业高管通过自身拥有的权力对薪酬激励机制造成了影响，权力越大越有可能获得高薪酬和超额报酬，使得企业内部薪酬差距扩大化[69]。胡玲等（2012）对信息产业中的上市企业高管薪酬研究显示：公司治理的相关因素，如管理层持股、两职合一、董事会规模等对高管薪酬有着显著影响[70]。杨志强等（2014）对高管薪酬和员工薪酬差距的研究中发现管理层权力会增大高管和员工的薪酬差距[71]。林俊清等（2003）认为薪酬差距是管理层权力的一种反应[72]。罗宏等（2015）研究结果显示提高企业公司治理水平有助于增加高管薪酬激励的效果，即良好的公司治理有助于高管薪酬契约的实施[73]。

国内学者关于高管薪酬与人力资本的实证研究则是从高管年龄、教育程度以及任职时间等方面对高管薪酬的影响而展开分析和研究。李维安等（2010）对我国上市企业中高管薪酬的决定因素分析中谈到高管薪酬的上涨显示出劳动力市场上对企业经理才能不断增加的竞争性需求[74]。苏方国（2011）通过跨层次模型对高管人力资本的因素（教育、年龄、任职时间）和高管薪酬的关系进行实证分析，结果显示企业高管的人力资本与薪酬是正相关关系[75]。李四海（2015）在研究上市企业高管年龄和薪酬契约之间的关系中发现，无论是高管的绝对年龄还是相对年龄都与高管薪酬正相关。在上市企业中高管年龄越大，高管的薪酬水平也越高。盛明泉等（2016）的研究中显示非国有企业中高管年龄与高管薪酬的正相关性更为显著。而国有企业由于政府薪酬政策的影响，其相关性没有非国有企业显著[76]。

2.2.2.2 国有企业高管薪酬制度改革的研究

国内学者对国有企业高管薪酬制度改革的研究可以分为三种主要观点：市场化国有企业高管薪酬制度改革、国家为主导的国有企业高管薪酬制度改革以及分类化的国有企业高管薪酬制度改革。

2.2.2.2.1 市场化的国有企业高管薪酬制度改革

王飞鹏（2010）认为市场化是国有企业高管薪酬改革的一种长期发展趋势。

国有企业薪酬改革当中引入市场竞争机制有助于高管薪酬标准和薪酬水平选择的合理化[77]。刘星等（2012）国有企业高管薪酬刚性进行了实证分析，研究结果显示政府管制会产生高管薪酬刚性现象，无法实现对高管薪酬激励的作用。因此，减少政府对国有企业的干预，借助市场化力量推动国有企业改革，有助于健全国有企业高管薪酬激励机制[78]。

2.2.2.2.2　国家为主导的国有企业高管薪酬制度改革

宋晶等（2009）认为国有企业薪酬机制的管理过程中必须加强政府的监管。通过政府对高管薪酬的管理和控制才能更好地规范高管薪酬的发放，降低与普通员工之间的收入差距，形成合理的收入分配秩序[79]。欧绍华等（2012）认为国有企业高管薪酬制度改革的过程也是各方利益博弈的过程，国有企业高管薪酬制度改革应该选择以国家为主导的渐进性改革方式。因为中国政府最能代表我国人民群众利益，可以保证国有企业高管薪酬制度改革的顺利进行和不断深化[80]。

2.2.2.2.3　分类化的国有企业高管薪酬制度改革

一些学者认为高管薪酬制度应按照企业的类型进行分类化设计。黄群慧（2008）认为在国有企业改革中，国有企业高管的薪酬制度改革基本思路是分类设计薪酬制度，具体的可结合企业类型分为："准市场化模式"、"准公务员模式"和"市场化模式"[81]三种模式。陈佳（2014）提出国有企业高管薪酬模式应该考虑国有企业的类型。准公务型的年薪模式适合公益型和垄断性国有企业，而多元化持股型的年薪制模式更适合竞争性的国有企业[82]。杨黎明（2014）研究中谈到国有企业高管薪酬制度改革需要综合考虑市场调节和政府宏观调控两方面的因素。市场机制决定竞争型国有企业高管的薪酬，而国有垄断和公益型企业高管的薪酬则由国家直接或间接控制[83]。企业高管薪酬大多参照公职人员薪酬水平确定。王春娃（2015）认为在新一轮国有企业改革过程中过去单一的国有企业高管薪酬模式应该按国有企业类型改革为公益型企业高管薪酬、竞争型企业高管薪酬和功能性企业高管薪酬的三种不同的模式[84]。钟荣丙（2015）谈到在"市场决定性作用"下，国有企业可以分为经营性和非经营性两类，其中经营性国有企业高管薪酬采取年薪制，而非经营性企业执行级别制[85]。

2.2.2.3 国有企业高管薪酬制度的主要模式

1992年，中国在上海等城市开始了国有企业经营者年薪制的试点，但是1998年国家又停止年薪制的推行[86]。直到2003年国资委颁布了《中央企业负责人经营业绩考核暂行办法》之后，年薪制才又一次在国有企业中得到普遍的使用，并逐渐成为中国国有企业高管薪酬的主要模式[87]。与此同时，国内学者也对年薪制的应用进行了广泛的研究。黄群慧等（1999）将年薪制分为一揽子型、准公务员型、持股多元化型、非持股多元化型模式以及分配权型共五种年薪制模式[88]。陈为忠（2000）总结了四种类型的年薪制模式：年薪＝固定薪金收入，年薪＝基薪＋加薪，年薪＝基薪＋风险收入，年薪＝基薪＋津贴＋含股权或股票期权的风险收入＋养老金[89]。秦志华（2003）提出年薪制的设计需要注意企业薪酬总额和年薪标准的关系，同时还要使管理者承担企业经营风险，从而实现年薪制的约束和激励效应[90]。齐平等（2006）则认为实行年薪制的关键在于明确年薪制的实施对象、确定年薪制的水平以及风险基金的控制[91]。与此同时，长期薪酬的激励也逐渐成为高管薪酬模式的一部分。刘淑春（2008）研究中认为可以把年薪制和持股制相结合，从而实现对高管的长期激励性[92]。同样，侯清麟等（2009）对三种薪酬模式进行比较后得出"基薪＋奖金＋经营者持股"这一模式是适合我国国有企业经营者薪酬模式的最佳方案[93]。

2.2.2.4 其他视角下国有企业高管薪酬的相关研究

陈冬华等（2005）从在职消费的视角对国有企业高管薪酬进行分析，实证结果表明国有企业高管的在职消费成了政府薪酬管制下高管货币薪酬的替代性选择，同时也使得高管薪酬的激励效果不佳[94]。吴春雷等（2011）从高管薪酬管制的角度对高管薪酬和企业业绩之间的关系进行了理论解释。研究表明企业内外部监督力的方向和强度决定了高管薪酬管制和高管薪酬以及绩效的因果关系[95]。罗宏等（2014）从薪酬契约的角度对国有企业高管薪酬进行的研究，发现国有企业高管通过业绩指标的选择来操纵自身薪酬，高管权力越大操纵行为越严重，提高公司内部治理的水平有助于减少高管操纵薪酬契约的行为[96]。刘辉等（2016）从公平偏好的角度对国有企业的高管薪酬进行研究，提出对国有企业高管进行薪酬管制有助于降低委托代理成本[97]。

2.2.3 文献评述

国外学者对高管薪酬管理的研究多集中在实证研究方面，总体呈现出多元化研究方向，其研究具有以下特征：①国外对高管薪酬研究中主要集中在对薪酬决定因素的分析上，如从绩效的角度或公司治理的角度进行分析，缺乏系统全面总体分析；②在不同研究背景和数据资料的支撑下，学者对高管薪酬的影响因素往往得出的结论是矛盾的甚至是相反的；③国外对于高管薪酬研究是在成熟的市场条件下展开对高管薪酬问题的相关探讨，而我国的市场环境和国有企业自身的特质与国外差异较大。因此，国外高管薪酬的研究结论和建议并不能直接应用到对我国国有企业高管薪酬制度改革当中去。

国内学者对国有企业高管薪酬的研究内容相对更为广泛，既有国有企业微观层面激励的探讨也有从国家宏观制度层面的分析。经济学、管理学、法学、统计学等不同领域的学者都从各自研究领域对国有企业高管薪酬进行了研究和探讨，使得国有企业高管薪酬的研究具有跨学科研究的特点。国内高管薪酬影响因素的实证研究主要是考虑高管薪酬与公司绩效、高管薪酬与公司治理、高管薪酬与人力资本等方面。国内高管薪酬制度改革的观点有市场化改革、国家为主导的改革以及分类改革的三种不同的看法。国有企业高管薪酬模式则主要是以年薪制为主，不同的学者所提出的国有企业高管年薪制的构成方式存在一定差异性。除此以外，还有许多学者从在职消费、薪酬管制、薪酬契约等方面对国有企业高管薪酬做出了探讨。但是，基于我国国有企业的特殊性、国有企业高管自身特征的复杂性，以及高管薪酬相关研究数据的可获取性，导致现有国有企业高管薪酬制度研究还存在一定的局限性。主要研究不足表现为国内大部分学者对国有企业高管薪酬制度的研究是将国有企业高管薪酬作为一个整体进行以实证研究，而没有对国有企业高管薪酬进行分类分层的实证检验。所以，本研究选择分类分层的视角对国有企业高管从不同国有企业类型和不同高管身份背景进行进一步的比较和分析，最终可以提出更具有可行性的深化国有企业高管薪酬制度改革的对策建议。

2.3 小结

首先，回顾了高管薪酬的基本理论，主要包括效率工资理论、委托代理理论和人力资本理论。其次，使用文献计量工具 CiteSpaceⅢ对国外高管薪酬研究进行聚类分析，发现国外高管薪酬研究的主要集中在高管薪酬与绩效、高管薪酬与公司治理因素、高管薪酬与股票期权、高管薪酬与薪酬信息披露以及人力资本等几个方面。然后，进一步梳理了我国国有企业高管薪酬制度改革的相关研究内容，从国内高管薪酬影响因素的实证研究、国有企业高管薪酬制度的改革分类以及国有企业高管薪酬制度的主要模式等方面进行文献分析。最后，将国内外高管薪酬的理论研究和实证研究进行对比分析和评价。国内外国有企业高管薪酬制度改革的研究成果为本研究提供了较好的借鉴基础，为进一步结合我国国有企业深化改革的特殊背景去研究国有企业高管薪酬制度提供了一定的发展空间。

第3章 国有企业高管薪酬的形成机制分析

3.1 引言

国有企业高管薪酬是政府管理部门、国有企业高管、国有企业职工以及外界公众不同群体利益的反映和各利益群体不断协调的结果。从政府管理部门来看，作为国有资产出资人的国资委最看重国有企业的长期经营发展以及政府规定任务的完成。因此，国资委在监督管理国有企业高管薪酬的时候，会依据以上目标来考虑国有企业高管的总体薪酬水平和薪酬结构等问题。从国有企业高管来看，高管自身更重视薪酬是否能够体现个人价值和劳动价值，同时也会受到国有企业收入稳定、职位声誉等因素的吸引。从国有企业职工来看，他们认为国有企业高管的薪酬应该同国有企业经营绩效相联系并且与企业内部职工工资保持合理的差距。从外界公众来看，他们倡导国有企业高管的薪酬则应体现出更多的公平性，社会收入分配的差距不能过大，要求国有企业高管薪酬在实现高管劳动价值的同时还要兼顾到社会公平问题。因此，国有企业高管薪酬与其他企业高管薪酬的形成机制有着极大的不同。依据国内外高管薪酬的文献，可以了解到一般企业高管薪酬主要受到企业绩效、企业规模和行业、企业治理等因素的影响较大，而国有企业高管薪酬的形成更多受到来自国有企业高管特殊的劳动力市场环境、国有企业的特殊性和国有企业高管身份的影响。

3.2 国有企业高管劳动力市场的供需分析

根据现代工资理论,高管薪酬应该是由劳动力市场上高管的劳动供给和各个企业对高管的需求而共同决定的。马歇尔供求均衡工资理论提出工资是雇主对劳动的需求价格和雇员提供劳动的供给价格达到均衡时所形成的价格。工资水平是由生产要素的供给和需求两方面共同作用而形成的。假设在完全竞争的高管劳动力市场中,S_1 为高管的供给曲线,D_1 为高管的需求曲线。当国有企业高管和国有企业需求供需达到平衡,即国有企业支付的薪酬和高管期望的薪酬相同,为均衡点 E_1,对应的薪酬水平为 W_1。

但是,现实中我国国有企业高管劳动力市场还不完善,国有企业高管并不完全是在劳动力市场中选拔出来的,而是由政府管理部门以任命形式为国有企业委派的管理人员。从国有企业对高管需求方面而言,国有企业为满足生产经营活动的顺利完成需要一定数量的高素质企业管理人才。但是,由于政府已经为国有企业委派了高管,国有企业自己去劳动力市场寻找适合企业的高管需求就降低了,这就使得国有企业对于高管的需求曲线向左变动为 D_2。从国有企业高管的劳动供给而言,国有企业高管除了为企业生产经营而提供管理经营服务以外,来源于政府委任的国有企业高管还会将很大精力花费在行政职务上的进一步提升,所以高管对国有企业经营发展的实际劳动供给不足。在这种情况下,国有企业高管的实际劳动供给曲线向左移动到 S_2,与需求曲线 D_2 相交于 E_2 形成新的劳动力市场均衡,对应的高管薪酬为 W_2(图 3.1)。

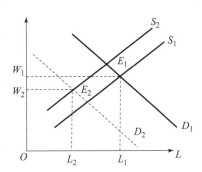

图 3.1 高管劳动力市场分析

从以上分析可以看出,在我国国有企业高管劳动力市场还不完善,国有企业高管主要来源于政府委派的情况下,国有企业高管的实际薪酬应该为 W_2。但是,在国有企业高管薪酬制定过程中,许多国有企业却按照国外发达国家市场化的职业经理人市场标准 W_1 来制定薪酬,将市场化的薪酬水平用于政府委派的国有企业高管薪酬设计上，这就使得国有企业高管薪酬偏离实际劳动力市场均衡中的应有薪酬水平。

3.3 国有企业委托代理关系的理论及应用分析

3.3.1 国有企业的特殊性

国有企业按照世界银行的定义是指"由政府投资或者参与控制的经济实体"。我国的国有企业是党的十二大之后，为与有计划的商品经济体制相匹配才由"国营企业"改为"国有企业"。2008年，《中华人民共和国国有企业国有资产法》中将国有企业称为"国家出资企业"。目前，我国的国有企业是由国家出资或参股控制，向社会提供产品与公共服务的经济实体，并且归全民所有的企业。2015年，《中共中央、国务院关于深化国有企业改革的指导意见》中将国有企业分为商业类和公益类国有企业，并且分别给出了两类国有企业的战略定位、发展目标和业务范围。国有企业是国家和企业之间特殊的制度安排，国家的意志会影响到国有企业发展。与此同时，国有企业逐步发展壮大也为中国经济发展和改革做出了巨大的贡献。

国外发达国家的国有企业最初产生是为了满足市场经济条件下为公用事业服务的职能，如美国最早的国有企业——华盛顿的国家博物馆。国外发达国家的国有企业数量上虽然不占明显优势，但却是发达国家市场经济中必不可少的组成部分。在特殊的历史背景和经济条件下，这些国有企业在本国弥补市场失灵和提高市场运行的经济效率等方面都曾发挥了重要作用。可是，国外和中国的国有企业在本质上是存在差异的。国外发达国家属于资本主义国家，其国有企业是归资产阶级所有。而我国的国有企业是属于全体人民所有，同时也是社会主义公有制的主要实现形式之一。虽然，我国国有企业的资产是归全体人民所有的资产，但是实际生产经营的过程中全体人民是不能直接管理和控制国有资产的，只能通过委托国家政府管理国有资产并实现其利益最大化。2003年，我国政府建立国资委使其成为代表国有资产的出资人，从而形成了从全体人民到国家政府，国家政府到国有企业经营者的多层代理关系。国有企业高管委托代理关系较为复杂,如图 3.2 所示。在国有企业股权设置上,国有资本占有绝对优势,但实际上国有资产所有权的代表是缺位的。虽然国资委等部门对国有企业进行监管,但是这种"所有者"缺位的现象导致了国有企业高管薪酬的决定者不确定,使得国有企业高管拥有较高的控制权利,可以较多地参与薪酬制定的整个过程,对高管自身薪酬的制定造成了影响。在高管绩效考核的指标设置上,国有企业高管更倾向于选择有利于自己的指标,而未能与国有企业的经营绩效较好的挂钩。由此便形成了国有企业高管自己对自己的薪酬定价,而不是由所有者进行定价的现状。此外,两者对于经济发展的作用大小也不同。我国的国有企业是国民经济的支柱,是国家调控和推动我国经济发展的重要力量。国外发达国家的国有企业则是在经济发展中起辅助性作用的,国外,依据国有企业的功能和性质划分为公益型的公共企业和市场化的竞争性国有企业;中国国有企业则分为商业类和公益类的国有企业。这说明国外和国内的国有企业在具体生产经营中仍有部分相同的地方,不同国家的国有企业在追求各自经营绩效的同时,还都承担着公益型的服务。

图 3.2 国有企业高管委托代理示意

我国国有企业和非国有企业最大的区别就在于两者追求的目标不同,作为国民经济支柱的国有企业除了要追求利润最大化之外,还要兼顾公共产品服务等非营利性目标。尤其是对于公益型国有企业而言:该类国有企业的目标是为社会提供公共产品和服务,非营利目标的追求要高于营利性目标。而对于商业类国有企业而言:一方面要实现企业自身利润最大化;另一方面还要通过企业的生产运作来增强我国国有经济活力,实现放大国有资本和国有资产保值增值的目标。非国有企业与国有企业相比较而言,非国有企业更重视追求经营目标,而且目标偏短期化，在获得市场利润之后就会迅速转移目标。所以，从企业所追求的目标来看，国有企业的目标是长期多任务型的，而非国有企业的目标是短期单一任务型的，两者目标差异的根本原因就在于两类企业的所有权性质不同。国有企业是政府代表国家拥有国有企业的资本或主要股份，国有企业归全民所有；而非国有企业是依靠民间资产来投资企业生产的，企业资产所有权是归投资者所有，非国有企业会更多从投资者的自身利益来考虑安排企业的经营运作。因此，国有企业的特殊性就使得我国国有企业经营目标是多元化，同时承担的责任也要远远高于非国有企业。

3.3.2 多任务委托代理模型

由于国有企业具有多种任务目标，如经营任务和社会效益等，作为国有企业高管在工作中也需要承担起国有企业生产的经营目标和社会责任等多种目标，而不是单一的目标。这里以 Holmstrom 等（1991）提出的多任务委托代理模型（HM 模型）为研究基础[98]，对国有企业高管的委托代理关系进行分析并做出以下假设。

3.3.2.1 基本假设

假设1：在国有企业的委托代理关系中，委托者为政府管理部门，代理者为国有企业高管。假设委托者政府管理部门属于风险中性的类型，代理者国有企业高管属于风险规避的类型。

假设2：国有企业高管的工作任务根据国有企业的特殊性可以进一步分为经营责任和社会责任，其中经营责任是指实现国有企业的经营业绩，实现国有资产的保值增值；社会责任则是指保证民生并提供公共服务等。国有企业高管的努力程度 $t = (t_1, t_2)$，其中 t_1 代表国有企业高管在经营责任上的努力程度，t_2 代表国有企业高管在社会责任上的努力程度。$t_1 \geq 0$，$t_2 \geq 0$。对于商业类国有企业而言，其高管的经营责任大于社会责任，即 $t_1 \geq t_2$；而公益类国有企业更重视公共产品和服务的提供，其高管的社会责任大于经营责任，即 $t_1 \leq t_2$。国有企业的产出是国有企业高管努力程度的简单线性关系，即 $y = t + \theta$，其中 y 代表国有企业的产出 θ 代表外部不确定性的随机变量，θ 满足 $N(0, \sigma^2)$ 的正态分布。$y_1 = t_1 +$

θ_1，θ_1 满足 $N(0, \sigma_1^2)$ 的正态分布；$y_2 = t_2 + \theta_2$，θ_2 满足 $N(0, \sigma_2^2)$ 的正态分布。$E(y) = E(y_1 + y_2) = t_1 + t_2$。

假设3：国有企业高管付出的努力成本 $C = c(t_1, t_2)$，为便于计算，假设 $c(t_1) = \frac{k_1 t_1^2}{2}$，$c(t_2) = \frac{k_2 t_2^2}{2}$，其中 k_1 和 k_2 分表代表 t_1 和 t_2 两种工作任务的成本系数。为便于研究，假设 $k = k_1 = k_2$，即 $c(t_1, t_2) = \frac{k_1 t_1^2}{2} + \frac{k_2 t_2^2}{2} = \frac{k(t_1^2 + t_2^2)}{2}$。

假设4：高管努力工作后得到的薪酬 $w(y_1, y_2) = a + b_1 y_1 + b_2 y_2$，其中 a 为国有企业高管的固定薪酬，b_1, b_2 为高管薪酬的激励强度，代表高管在两种工作任务上的收益分享。高管属于风险规避型，因此国有企业高管的效用函数 $u(w) = -e^{-\rho w}$，其中 ρ 代表风险规避程度，w 代表高管的薪酬。高管的实际收入为 $w = w(y_1, y_2) - c(t_1, t_2) = a + b_1 y_1 + b_2 y_2 - \frac{k(t_1^2 + t_2^2)}{2}$。由于高管为风险规避型，其确定性等价收入 CE（Certainty Equivalence）等于随机收入的均值减去风险成本。$\text{CE} = E_w - \frac{1}{2}\rho b^2 \sigma^2 = a + b_1 y_1 + b_2 y_2 - \frac{k(t_1^2 + t_2^2)}{2} - \left(\frac{1}{2}\rho b_1^2 \sigma_1^2 + \frac{1}{2}\rho b_2^2 \sigma_2^2\right) = a + b_1 t_1 + b_2 t_2 - \frac{k(t_1^2 + t_2^2)}{2} - \left(\frac{1}{2}\rho b_1^2 \sigma_1^2 + \frac{1}{2}\rho b_2^2 \sigma_2^2\right)$。其中 E_w 是国有企业高管的期望收入，$\frac{1}{2}\rho b^2 \sigma^2$ 是国有企业高管的风险成本。

假设5：政府管理部门为风险中性的，国有企业的期望效用等于期望收入，即

$$E_v = E(y - w(y)) = E(t_1 + t_2 + \theta - (a + b_1 y_1 + b_2 y_2))$$
$$= -a + (1 - b_1) t_1 + (1 - b_2) t_2$$

3.3.2.2 委托代理问题的优化

政府主管部门的委托问题就是选择对高管的薪酬激励强度 (b_1, b_2)，使自身期望效用最大化，即

$$\max\{-a + (1 - b_1) t_1 + (1 - b_2) t_2\}$$

当高管的薪酬激励强度给定后，国有企业高管将选择自身最优的努力程度

(t_1, t_2)，使自身确定性等价收入最大化。设 w_0 为高管的保留薪酬，如果确定性收入未达到高管的保留薪酬 w_0，高管是不会接受该薪酬条件的。所以，国有企业高管的参与约束条件可以表述为以下形式：

$$\text{s.t. (IR)} \quad a + b_1 t_1 + b_2 t_2 - \frac{k(t_1^2 + t_2^2)}{2} - \left(\frac{1}{2}\rho b_1^2 \sigma_1^2 + \frac{1}{2}\rho b_2^2 \sigma_2^2\right) \geq w_0$$

激励相容约束条件（IC）：

$$t^* \in \text{argmax}\left\{a + b_1 t_1 + b_2 t_2 - \frac{k(t_1^2 + t_2^2)}{2} - \left(\frac{1}{2}\rho b_1^2 \sigma_1^2 + \frac{1}{2}\rho b_2^2 \sigma_2^2\right)\right\}$$

式中，argmax 代表当 $\left\{a + b_1 t_1 + b_2 t_2 - \frac{k(t_1^2 + t_2^2)}{2} - \left(\frac{1}{2}\rho b_1^2 \sigma_1^2 + \frac{1}{2}\rho b_2^2 \sigma_2^2\right)\right\}$ 取最大值时的 $t(t_1, t_2)$，即国有企业高管薪酬最大时所对应的 t_1，t_2。

综上所述，国有企业高管薪酬的委托代理最优化的模型如下：

$$\max_{t,b} E(v) = \max\{-a + (1-b_1)t_1 + (1-b_2)t_2\} \quad (3-1)$$

$$\text{s.t. (IR)} \quad a + b_1 t_1 + b_2 t_2 - \frac{k(t_1^2 + t_2^2)}{2} - \left(\frac{1}{2}\rho b_1^2 \sigma_1^2 + \frac{1}{2}\rho b_2^2 \sigma_2^2\right) \geq w_0 \quad (3-2)$$

$$\text{(IC)} \quad t^* \in \text{argmax}\left\{a + b_1 t_1 + b_2 t_2 - \frac{k(t_1^2 + t_2^2)}{2} - \left(\frac{1}{2}\rho b_1^2 \sigma_1^2 + \frac{1}{2}\rho b_2^2 \sigma_2^2\right)\right\}$$

$$(3-3)$$

3.3.2.3 委托代理模型的求解

国有企业高管的努力水平 t 是不易观察的，利用国有企业高管薪酬的委托代理最优化的模型，求解国有企业高管最大化时对应的（t_1, t_2）。对式（3-3）中的 t_1、t_2 分别求导数，并令其导数等于 0，则得到一阶条件：

$$t_1^* = \frac{b_1}{k}, \quad t_2^* = \frac{b_2}{k} \quad (3-4)$$

将式（3-2）和式（3-4）代入目标函数，则国有企业高管薪酬的委托代理最优化问题可以重新表述如下：

$$\max_{b} E(v) = \max\left\{\frac{b_1 + b_2}{k} - \frac{b_1^2 + b_2^2}{2k} - \left(\frac{1}{2}\rho b_1^2 \sigma_1^2 + \frac{1}{2}\rho b_2^2 \sigma_2^2\right) - w_0\right\} \quad (3-5)$$

对式（3-5）中的 b_1，b_2 分别求导数，并令导数等于 0，则得到一阶条件：

$$\frac{\partial E(v)}{\partial b_1} = \frac{1}{k} - \frac{b_1}{k} - \rho b_1 \sigma_1^2 = 0，得出$$

$$b_1 = \frac{1}{1 + k\rho\sigma_1^2} > 0 \qquad (3-6)$$

$$\frac{\partial E(v)}{\partial b_2} = \frac{1}{k} - \frac{b_2}{k} - \rho b_2 \sigma_2^2 = 0，得出$$

$$b_2 = \frac{1}{1 + k\rho\sigma_2^2} > 0 \qquad (3-7)$$

整理可得

$$\frac{b_1^*}{b_2^*} = \frac{1 + k\rho\sigma_2^2}{1 + k\rho\sigma_1^2} \qquad (3-8)$$

由式（3-6）~式（3-8）可以看出以下几点。

（1）高管薪酬的激励强度（b_1, b_2）和风险规避程度 ρ 负相关。这意味着对于风险规避程度较高的国有企业高管，薪酬的激励强度应该设计较低才有效。现实中，委托方的国有企业希望代理者高管能够不断提升企业经营业绩。为鼓励国有企业高管提高经营业绩，委托者希望高管可以降低风险规避的程度。所以，较低风险规避低的国有企业高管在薪酬上会受到奖励，即享受较高的薪酬激励强度。

（2）高管薪酬的激励强度（b_1, b_2）和两种不同工作任务（t_1, t_2）的成本系数 k 负相关。k 越大意味着高管努力完成任务的成本越高，应当降低其完成该工作任务得到薪酬激励的强度。反之，如果高管可以用较低的成本完成该工作任务，则应当相应地提高对其薪酬激励的强度。

（3）高管薪酬的激励强度（b_1, b_2）和国有企业高管努力程度 t 的方差（σ_1, σ_2）负相关。国有企业高管完成某一工作任务的努力程度方差较高时代表外界环境风险高，导致需要对风险厌恶型的高管增加相应的风险补偿，而国有企业为了降低高管所承担的风险会减少对高管完成这项任务的激励。这就意味着在努力程度的方差较高时，国有企业会采取较低的薪酬激励程度。而当国有企业高管完成某一工作任务的努力程度方差较低时外界环境风险低，不需要对风险厌恶型的高管风险补偿，所以国有企业会提高高管的薪酬激励程度去鼓励他们增加该项工作任务的业绩。现实中,国有企业的经营业绩并不完全是高管的努力结果,而是受到多种外界环境因素的影响,使得国有企业高管完成工作任务的努力程度的方差较大,高管受到的薪酬激励强度较低。

(4) 高管两个工作任务的薪酬激励强度 b_1 和 b_2 之间是正相关的关系。这说明国有企业高管在经营责任和社会责任的薪酬激励是互相作用的,而不是矛盾的。提高国有企业高管的经营责任薪酬激励强度时,会带来社会责任激励强度的增加。同理,当高管社会责任激励强度增加时,其经营责任薪酬激励强度也会随之提高。

目前,我国国有企业推行商业类和公益类的分类化改革,分类后不同类型国有企业的目标更加明确化,可以有针对性地加强高管不同工作任务的薪酬激励强度。商业类国有企业以创造利润,实现国有资产的保值增值为主要目标,进入到商业类的国有企业高管工作任务重点就是要提高国有企业的经营效率。因此,这类国有企业高管薪酬设计的核心是增强经营责任方面薪酬激励强度,同时也可以带来一定程度社会责任的激励效果的提高。公益类国有企业的目标是为社会大众提供高品质的公共产品和公共服务。进入到公益类国有企业高管的主要工作是努力提高社会服务和产品的质量。对于这类国有企业高管薪酬激励的重点在于突出其社会责任的重要性,那么公益类国有企业高管薪酬激励就可以集中到对公益型业务完成情况方面的考察,同时也能带给公益类国有企业高管一定程度经营责任激励效果的改善。

3.4 加入身份的委托代理模型

3.4.1 国有企业高管身份的特殊性

计划经济时代的国营企业按照自身的隶属关系分为中央和地方型国营企业,政府直接管理国营企业。当时国营企业内部管理人员的身份是国家干部并有相应的行政称谓和级别,可以享受到和行政级别相匹配的各种收益。国营企业内部管理人员和政府官员没有太大的差别,政府对他们主要的激励手段除薪酬还有晋升。

国营企业改革过程中为了顺应社会主义市场经济的发展要求，早在 1999 年《关于国有企业改革和发展若干重大问题的决定》中就明确地提出"对企业及企业领导人不再确定行政级别"。这个阶段国有企业高管的国家干部身份被淡化，名义上国有企业高管不再享有行政级别，但实际上这项政策并没有落地。由于我国尚未建立成熟的职业经理人市场，大部分国有企业高管仍由政府管理部门任命，国有企业高管和政府官员之间也可以互相进行人事调动。这就使得我国众多的国有企业管理者身份兼具"高管"和"高官"的双重性，导致无论是国有企业高管本人还是外界公众对于国有企业高管的身份都没有清晰的认识。

针对国有企业高管身份模糊不清的问题，2015 年《关于深化国有企业改革的指导意见》中特别提出要建立国有企业高管分类分层管理制度，明确表示要依据国有企业的类别和层级实行不同的选人用人方式。但不管是通过选任制、委任制还是聘任制等方式成为国有企业高管的管理者，国有企业高管都应该对自己的身份有清晰的认识，明确自己是政府官员还是职业经理人。作为政府任命的国有企业领导者进入国有企业应该明确自己的职责是代表政府成为国有资产的监护者，要承担国有资产保值增值的任务。市场化聘任进入国有企业的职业经理人则是作为国有企业具体的经营者，应该对国有企业的经营业绩和股东负责。

3.4.2 加入双重身份的委托代理关系分析

借鉴 Fehr 等于 1999 年提出的典型收入分配公平偏好模型（简称 FS 模型），从公平和效用两个方面综合考虑并构建国有企业高管的薪酬模型，利用该模型可以进一步分析和衡量国有企业高管的双重身份对国有企业高管薪酬的影响[99]。除了我国国有企业高管薪酬受到国有企业目标的多元性的影响之外，国有企业高管还会受到国家政策的影响[100]。在多任务委托代理模型的基础上，FS 模型中主要考虑了收入对公平偏好参与的影响，当参与者收入低于其他参与者时会产生妒忌的负效用，当参与者收入高于其他参与者时会产生内疚的负效应，内疚的负效应小于嫉妒的负效应[101]。当只有两个参与者时，FS 模型可以简化如下：

$$U_i(x) = x_i - \alpha_i \max(x_j - x_i, 0) - \beta_i \max(x_i - x_j, 0), i \neq j$$

式中：α_i 代表嫉妒的强度；β_i 代表内疚的强度，$0 \leq \beta_i \leq 1, \alpha_i \geq \beta_i$；$x_i$ 代表 i 参与者的收入；x_j 代表 j 参与者的收入。

假设政府具有"不公平厌恶偏好"，μ 为政府管理部门公平偏好的系数，P 为政府能够接受的国有企业高管公平工资的水平。政府具有公平偏好，但是只有国有企业高管薪酬超出公平工资并造成社会公众的不满时，政府主管部门才会产生现出公平偏好。当 $W > P$ 时 $\mu > 0$，说明国有企业高管薪酬引起了外界公众的不满，引起了效用损失。当国有企业高管薪酬没达到公平工资时，社会公众未产生不满意，政府部门也没有受到任何损失，因此这种情况下也不存在政府主管部门的公平偏好问题。当 $W < P$ 时 $\mu = 0$，说明国有企业高管薪酬没有引起外界公众的不满，政府没有效用损失。在多任务委托代理模型的基础上，改进政府的期望效用函数为：

$$E_v = E\{[y - y(w)] - \mu[y(w) - P]\}$$

即

$$E_v = E\{[t_1 + t_2 + \theta - (a + b_1 y_1 + b_2 y_2)] - \mu(a + b_1 y_1 + b_2 y_2 - P)\}$$
$$= -(1 + \mu)a + (1 - b_1 - \mu b_1)t_1 + (1 - b_2 - \mu b_2)t_2 + \mu P$$

政府主管部门的委托问题就是选择其期望效用最大化，则

$$\max_{t,b} E(v) = \max\{-(1 + \mu)a + (1 - b_1 - \mu b_1)t_1 + (1 - b_2 - \mu b_2)t_2 + \mu P\}$$

(3-9)

$$\text{s.t. (IR)} \quad a + b_1 t_1 + b_2 t_2 - \frac{k(t_1^2 + t_2^2)}{2} - \left(\frac{1}{2}\rho b_1^2 \sigma_1^2 + \frac{1}{2}\rho b_2^2 \sigma_2^2\right) \geq \bar{w}$$

(3-10)

在国有企业高管多任务委托代理模型的基础上，将激励约束条件进一步扩展，将具有公平偏好的政府和高管之间的博弈做如下假设：国有企业高管的保留薪酬是以区间 $\bar{w} \in [w_1, w_2]$ 分布呈现的。其中最小值 w_1 代表政府中相同行政级别官员的薪酬，w_2 代表劳动力市场中相同岗位的职业经理的薪酬。这一假设可以充分体现目前国有企业高管双重身份的特殊性，则

$$(\text{IC}) \ t^* \in \text{argmax}\left\{a + b_1 t_1 + b_2 t_2 - \frac{k(t_1^2 + t_2^2)}{2} - \left(\frac{1}{2}\rho b_1^2 \sigma_1^2 + \frac{1}{2}\rho b_2^2 \sigma_2^2\right)\right\}$$
$$(3-11)$$

求解国有企业高管最大化时对应的（t_1, t_2）。对式（3-11）中的 t_1, t_2 分别求导数，并令其导数等于 0，则得到一阶条件：

$$t_1^* = \frac{b_1}{k}, t_2^* = \frac{b_2}{k} \qquad (3-12)$$

将式（3-11）和式（3-12）代入目标函数，则国有企业高管薪酬的委托代理最优化问题可以重新表述为

$$\max_b E(v) = \max\left\{\begin{array}{l} -(1+\mu)\left(\overline{w} - b_1 t_1 - b_2 t_2\right) + \frac{k(t_1^2 + t_2^2)}{2} + \left(\frac{1}{2}\rho b_1^2 \sigma_1^2 + \frac{1}{2}\rho b_2^2 \sigma_2^2\right) \\ + (1 - b_1 - \mu b_1)\frac{b_1}{k} + (1 - b_2 - \mu b_2)\frac{b_2}{k} + \mu P \end{array}\right\}$$
$$(3-13)$$

对式（3-13）中的 b_1, b_2 分别求导数，并令其导数等于 0，则得到最优的一阶条件 b_1^*, b_2^*：

$$\frac{\partial E(v)}{\partial b_1} = \frac{1}{k} - \frac{(1+\mu)b_1}{k} - (1+\mu)\rho b_1 \sigma_1^2 = 0$$

则

$$b_1^* = \frac{1}{(1+\mu)(1+k\rho\sigma_1^2)} > 0 \qquad (3-14)$$

$$\frac{\partial E(v)}{\partial b_2} = \frac{1}{k} - \frac{(1+\mu)b_2}{k} - (1+\mu)\rho b_2 \sigma_2^2 = 0$$

则

$$b_2^* = \frac{1}{(1+\mu)(1+k\rho\sigma_2^2)} > 0 \qquad (3-15)$$

再对式（3-14）和式（3-15）中的 μ 求导数，可得

$$\frac{\partial b_1^*}{\partial \mu} = \frac{-1}{(1+\mu)^2(1+k\rho\sigma_1^2)} < 0 \qquad (3-16)$$

$$\frac{\partial b_2^*}{\partial \mu} = \frac{-1}{(1+\mu)^2(1+k\rho\sigma_2^2)} < 0 \qquad (3-17)$$

上面的求导结果表明，政府对国有企业高管的公平偏好会降低对高管不同工作任务的薪酬激励强度。当政府具有较高的公平偏好时，国有企业高管的各类工作任务薪酬强度就越低。反之，当政府的公平偏好较低的时候，国有企业高管的各类工作任务薪酬强度反而较高。

将求得的最优解（b_1^*, b_2^*）代入式（3-13），得到博弈均衡时政府效用关于高管薪酬保留薪酬内生变量 $\bar{w}$ 的表达形式如下：

$$\max E(v) = \max \left\{ \begin{array}{l} -(1+\mu)(\bar{w} - b_1^* t_1 - b_2^* t_2 + \dfrac{k(t_1^2 + t_2^2)}{2} + \left(\dfrac{1}{2}\rho b_1^{*2}\sigma_1^2 + \dfrac{1}{2}\rho b_2^{*2}\sigma_2^2\right)) + \\ (1 - b_1^* - \mu b_1^*)\dfrac{b_1^*}{k} + (1 - b_2^* - \mu b_2^*)\dfrac{b_2^*}{k} + \mu P \end{array} \right\}$$

(3-18)

对 $\bar{w}$ 求导数可得

$$\dfrac{\partial E(v)}{\partial \bar{w}} = -(1+\mu) < 0 \qquad (3-19)$$

从式（3-19）中可以看出，高管的保留薪酬区间 $\bar{w}$ 会受到政府的管制，维持在一个区间内较低的水平，从而降低政府效用的损失。因此，高管双重身份的特殊性，使得高管保留薪酬不是由经理人的市场均衡价格所决定，而是成为内生于政府的选择。具有"不公平厌恶倾向"政府的公平偏好会降低对高管不同工作任务的薪酬激励强度，并且对高管在其薪酬保留区间内实行管制。薪酬激励强度的降低会导致国有企业高管的努力程度受到影响，最终使得国有企业绩效较低。由此可见，国有企业高管的双重身份，使得高管薪酬成为内生变量受到政府的控制，最终影响了国有企业绩效的提升和国有企业高管薪酬激励的有效性。

从加入双重身份的委托代理关系的分析中可以看到，国有企业高管的双重身份使得国有企业高管薪酬受到来自政府的薪酬管制。双重身份使来源于政府委任的国有企业高管所获得的薪酬高于实际应得薪酬，而来源于市场的职业经理人薪酬的激励效果不足。因此，在国有企业高管薪酬制度的设计过程中，必须首先对国有企业高管身份有着清晰的认识和界定，明确国有企业高管是属于政府官员和职业经理人，才能有针对性地形成对国有企业高管的薪酬激励。

3.5 小结

本章分析了国有企业高管的劳动力市场环境,结合国有企业的特殊性分析国有企业和高管之间的委托代理关系,并利用收入分配公平偏好模型进一步分析和衡量国有企业高管的双重身份对国有企业高管薪酬的影响。

从国有企业高管所处的劳动力市场环境看,国有企业高管主要来源于政府委派却使用市场化的薪酬水平进行激励,造成国有企业高管薪酬偏离劳动力市场均衡中的实际薪酬水平。国有企业特殊的多任务委托代理关系,使得国有企业高管薪酬激励的强度受到风险规避程度、不同工作任务的成本、国有企业高管努力程度的方差、不同工作任务之间的关系等多方面因素的影响。分类后的国有企业会更加明确本企业的主营业务,可以有针对性地加强高管不同工作任务的薪酬激励强度。高管的双重身份使得高管保留薪酬不是由经理人的市场均衡价格所决定的,而是成为内生于政府的选择,受到来自政府的薪酬管制。这样就导致来源于政府委任的国有企业高管所获得的薪酬高于实际应得薪酬,而另一方来源于市场的职业经理人薪酬的激励效果不足。因此,国有企业高管薪酬改革必须对国有企业的类型和高管身份有着清晰的认识和界定,才能形成对国有企业高管有效的激励。

第4章

政府规制下国有企业高管薪酬制度改革：历史演变与现实判断

　　国有企业高管薪酬制度的演变与国有企业改革的进程是紧密联系的。国有企业不断推进的改革完善了国有企业内部各项基础制度，为国有企业高管薪酬制度的改进提供了较好的基础。本章主要目的是理清国有企业高管薪酬制度变革的基本历史发展脉络并分析目前我国国有企业高管薪酬的基本情况，这将有助于明确未来国有企业高管薪酬制度设计的思路和方向。

　　国有企业高管的薪酬是以国有企业薪酬制度为基础的，国有企业薪酬制度的变化会影响着高管薪酬的合理性和实施状况。国有企业高管薪酬的改革是伴随着国有企业薪酬制度的演变而逐步深入的，而国有企业薪酬制度的演变与国有企业改革的整体发展又是紧密联系的。国有企业改革的顺利推行有助于国有企业各项基础制度的不断完善，同时也能促进高管薪酬科学合理化机制的形成。深入理解和分析国有企业高管薪酬的问题，必须分析薪酬制度和国有企业改革的过程，这样才能更好地找到解决问题的思路。因此，将中国国有企业高管薪酬改革的历史演变分为中国国有企业的演变过程，国有企业薪酬制度的演变和国有企业高管薪酬制度的变化三个方面进行阐述，主要目的是想通过梳理中国国有企业和国有企业薪酬制度的变化更好地理解和分析国有企业高管薪酬制度改革的基本历史发展脉络。

4.1 国有企业改革的历史过程

4.4.1 国有企业的建立阶段（1949—1977 年）

国有企业在计划经济时期称为"国营企业"。计划经济时期我国通过社会主义三大改造，建立了国营企业并确立了社会主义公有制的主体地位。国家利用计划式高度集权的行政管理方式对国营企业进行统一安排和决策，迅速推动了国营经济的发展并带动了当时中国整个国民经济的增长。国营企业归国家所有同时也完全由政府经营管理，企业不拥有独立自主经营的权利。国营企业的各种生产活动都由国家通过计划性指令来统一安排，国营企业内部的生产、分配以及销售等各个生产环节都受到国家的严格控制，成为国家的"生产车间"。国营企业生产创造出的利润首要上缴国家，然后再由国家财政统一给企业拨付企业生产经营所需的资金。国营企业按照自身的隶属关系分为中央直属型国营企业和地方型国营企业，企业内的管理人员也有相应的行政称谓。

在国营企业规模不大、国家经济水平较低和产业结构单一的情况之下，国家通过计划性的指令直接经营控制企业，使有限的各类生产资源得到合理的配置，对于国营企业的发展非常有利。伴随着国营企业规模不断的扩大和产业结构的复杂化，严格受到计划指令来开展各类生产活动的国营企业开始出现生产效率低下、人员激励不足等诸多制约企业继续发展的问题。在这样的体制下，企业缺乏应有的生产经营自主权，形成一种"吃大锅饭"的平均主义局面。随着外部条件的变化，通过行政性手段分配国营企业资源的方式越来越不适应现代化生产的要求。国家也曾通过调整国营企业在各级政府的管理权来试图解决国营企业所面临的问题，但是，无论企业的管理权如何划分，国营企业始终都由政府直接管理经营，企业只是政府的附属部门。这种制度安排下就致使国营企业缺乏生产经营的主动性，仅是按照国家统一计划来完成相应的生产或销售任务，导致国营企业活力不足。每个企业面临的外部环境和内部条件都是不断变化的，国家不可完全了解每一个企业的经营需求。因此，计划经济时代对于国营企业的多次调整都没有从根本上解决国营企业发展中所面临的困境。

4.4.2 国有企业的兴起阶段（1978—1991年）

1978年，党的十一届三中全会开启了中国改革开放的新时期。中国开始由计划经济向市场经济转变，经济建设和改革开放成为当时国家工作的重心。会议中指出我国过去的经济管理过程中国家权力过于集中，应该让国营企业拥有更多经营管理的自主权。1978年，四川省的6个国营企业率先开始了"扩大企业自主权"的试点，成为国营企业第一次改革的标志。为了进一步调动国营企业的生产积极性和改善企业的经营管理方式，1979年国务院颁布了第一个和国营企业改革相关的文件《关于扩大国营工业企业经营管理自主权的若干规定》，从允许企业制订补充计划、实行企业利润留成、提高固定资产折旧等10个方面扩大了企业经营管理的自主权利。为保障企业的权益和明确应尽责任，1983年国务院颁布的《国营工业企业暂行条例》中明确了企业的法人地位，强调国营企业是全民所有并受国家计划指导的经济组织，企业实行独立的经济核算。同年，中国也开始对国营企业实施"利改税"，企业有权自行支配税后的利润剩余，有效地解决了国家和企业之间的分配关系。为了进一步提高国营企业的积极性和经济效益，1984年《国务院关于进一步扩大国营工业企业自主权的暂行规定》中从企业的生产计划、销售、产品价格等10个方面加大了企业的自主经营范围。

1984年，党十二届三中全会通过的《中共中央关于经济体制改革的决定》中提出，此次经济体制改革的中心环节是增强大型国营企业的活力。通过这个阶段国营企业改革要让企业成为真正意义自主经营、自负盈亏的经济组织。按照这个国有企业改革目标，企业开始进行了"国家所有权"和"企业经营权"相分离的进一步改革。1986年，《国务院关于深化企业改革增强企业活力的若干规定》中指出推行经营承包责任制来给与经营者充分的自主经营权利。国营企业根据自身不同的规模实行承包经营责任制或租赁制，少数有条件的企业也可以开展股份制试点。1988年3月，国务院发布的《全民所有制工业企业承包经营责任暂行条例》中，对承包经营责任制的内容、形式、经营合同，权利义务等方面做出相应的规定。企业经营承包制一定程度上提高了国有企业积极生产增加收入的热情，但是在经营承包制实施过程中国有企业却存在严重的短期行为。1988 年 4 月，国家制定了《中华人民共和国全民所有制工业企业法》，以立法的形式明确了国有企业在生产经营活动中的权利和义务，促进国有企业活力的增加。

1978—1991 年的第一次国有企业改革是中国国有企业改革的初步探索阶段。这次国有企业的改革通过"扩大企业自主权"和"两权"分立政策的推行使得原先计划经济时代的国营企业由国家的"生产车间"逐步转变为具有一定独立自主权利的企业，国有企业的经营和管理机制在改革中得到了调整，促进了国有企业的成长和发展，为国有企业进入市场参与竞争奠定了基础。

4.4.3 国有企业的探索阶段（1992—2002 年）

1992 年，党十四大报告中以"国有企业"代替了原先计划经济时期"国营企业"的提法，并确立了"建立社会主义市场经济体制"的改革目标。1993 年修订的《中华人民共和国宪法》第七条中将"国营经济"修改为"国有经济"。为了顺利实现党的十四大提出的改革目标，1993 年党的十四届三中全会审议通过的《中共中央关于建立社会主义市场经济体制若干问题的决定》中提出要转换国有企业经营机制，建立现代企业制度。建立现代企业制度是我国第二次国有企业改革的方向，也是实现社会主义市场经济的必然要求。现代企业制度特征表现在四个方面：产权清晰、权责明确、政企分开以及管理科学。现代企业制度中最典型的组织形式就是公司制，国有企业实行公司制改革是建立现代企业制度的基本出发点，可以使国有企业成为适应社会主义市场的法人实体。1993 年 12 月国家颁发了《中华人民共和国公司法》，企业按出资者承担的责任分为有限责任公司和股份有限公司。1994 年，国家在 100 个不同类型的国有企业中开始了建立现代企业制度的试点工作。

1997 年，党十五大报告中对国有企业现代企业制度的建立做了总结，并提出"股份制"是现代企业有效的资本组织方式，有利于促进国有企业的运作效率。1999 年，党的十五届四中全会审议通过的《中共中央关于国有企业改革和发展若干重大问题的决定》，提出了要从战略上调整国有经济布局，主要控制涉及国家安全、自然垄断和公共服务等主要行业。国有经济的主导作用除了通过国有独资企业来实现之外，也可以借助股份制（国有控股和参股企业）来实现。国有企业股份制改革开始成为国有企业改革的主要形式，同时也促进了混合所有制经济的发展。国务院实行了"抓大放小"的原则减少国有企业的数量和所涉及的行业。从1999—2003年工业企业中国有企业数量变化（表4.1）可以看出，国有企业的数量呈现出逐年下降的趋势，占工业企业的比重由1999年的31%下降到2003年的12%。

表4.1　1999—2003年工业企业中国有企业数量变化

年份	工业企业数量/万个	国有企业数量/万个	国有企业占工业企业数量比/%
1999	16.2	5.07	31
2000	16.29	4.24	26
2001	17.13	3.25	19
2002	18.16	2.94	16
2003	19.62	2.32	12

资料来源：国家统计局. 中国统计年鉴（2001）—（2004）[M]. 北京：中国统计出版社，2000-2004.

1992—2002年第二次国有企业改革，是中国国有企业改革较为困难的一个阶段。1998年，亚洲金融危机导致许多国有企业面临财务危机，但是通过国有企业战略性的重组，大多数企业都摆脱困境并建立了现代企业制度。这次国有企业改革通过现代企业制度的建立和推行，使得国有企业的组织形式变为公司制。国有企业的经营和管理机制在改革中得到了进一步的规范。公司制的推行不仅提高了国有企业自身经营管理水平和外部市场竞争能力，同时为国有企业进入世界贸易组织（WTO）参与国际化的市场竞争做好了准备。

4.4.4　国有企业的进展阶段（2003—2012年）

2002年，党十六大报告中提出"国有资产管理体制的改革"是社会主义市场经济体制改革中的重要任务。2003年，我国成立了国务院国有资产监督管理委员会（简称国资委）和各地方国资委，标志着我国国有企业改革进入新的阶段。国有企业的资产管理体制发生了变化,由原先的行业主管部门变为国资委,国资委代表国家履行出资人的职责并负责监管所属企业的国有资产、人员和事务。此后,党的十六届三中全会在《关于完善社会主义市场经济体制若干问题的决定》(简称《决定》)中提出要使"股份制成为公有制的主要实现形式。"此外,《决定》中还指出要"建立现代产权制度",标志着国有企业的改革从企业经营层面的改革转向以股份制为主要形式的产权变革,明确了此次国有企业改制的方向。

为了促进国有产权有序流转以及国有企业改制的规范性,国资委制定了《规范国有企业改制的重要措施》和《企业国有产权转让管理暂行办法》两个方案来对国有企业改制相关的内容做出要求和规范。2005年,针对在国有企业改制中出现的国有资产流失等问题,国资委又制定了《关于进一步规范国有企业改制工作的实施意见》,进一步确保国有企业改制的顺利推行。产权制度的建设有利于形成了良好市场秩序,保护企业在市场经营中的权利,也是完善我国现代企业制度的内在要求。2007年,《中华人民共和国物权法》中第一次提出"国家出资的企业"。2008年,《中华人民共和国企业国有资产法》中没有使用"国有企业",而使用"国家出资企业"的新概念。国家出资企业包括国有独资企业、国有独资公司、国有资本控股公司、国有资本参股公司四类企业。国家出资企业的提出说明国家对国有资产的管理方式是按照所有者权益来进行控制,而不再是通过行政权力进行干预。

2003—2012年第三次国有企业改革,是国有企业发展的新阶段,由上一个阶段建立现代企业制度逐步深入到国有资产管理体制和现代产权制度的建立。无论是国有企业管理体制还是国有企业自身都发生了明显的变化。从国有企业管理体制而言,国资委的成立解决了原先国有企业管理效率不高的问题,实现了国有资产的保值增值,加强了国有资产在关键领域和重要行业的控制力。从国有企业产权制度改革而言,以股份制为主要形式的产权变革使得国有企业的股权向着多元化发展,"国有企业"成为"国有独资、国有控股或参股企业"。2012年,《国有企业改革与发展工作情况的报告》中指出,90%成以上的国有企业完成了股份制改革。国家与国有企业之间的关系开始向以现代产权制度为基础的委托代理关系转变。国有企业的运行和效益显著提升。2003年和2011年国有企业状况对比如表4.2所示。从表4.2中可以看到，虽然国有企业的数量从2003年的15万家下降到2011年的14.5万户，但是国有企业的营业收入、近利润、资产总额以及所有者权益都大幅提高。同时，部分有竞争力的国有企业通过改革在国际市场上也占有了一定的比例。《财富》所列为世界500强的国有企业数量的变化（表4.3），从表表4.3中可以看到，国有企业在200强的数量由2003年的11家增加到2012年的65家，显示出我国有企业的国际竞争能力在逐年提升。

表4.2　2003年和2011年国有企业状况对比

年份	国有企业数量/万户	营业收入/万亿元	净利润/万亿元	资产总额/万亿元	所有者权益/万亿元
2003	15	10.73	0.323	19.85	8.33
2011	14.5	39.25	1.94	85.37	29.17

数据来源：2012年《国务院关于国有企业改革和发展工作情况的报告》

表4.3　《财富》世界500强的国有企业数量的变化

年份	2003	2004	2005	2006	2007	2008	2009	2010	2011	2012
国有企业数量/家	11	14	15	19	22	26	33	40	55	65

4.4.5　国有企业的深化阶段（2013年至今）

2012年，党十八大报告中提出全面深化改革的战略性意见。其中，在国有企业改革方面提出要推行公有制多种实现形式，此外还要将国有资本更多地投向国家安全和国民经济的关键领域和行业，不断提升国有经济的活力、控制力和影响力。2013年，党的十八届三中全会审议通过的《关于全面深化改革若干重大问题的决定》中就国有企业改革方面提出了许多新的论断，主要体现在"积极发展混合所有制经济""完善国有资产管理体制"以及"准确界定不同国有企业的功能"等方面。混合所有制定义为我国基本经济制度的主要形式，它的本质是股份制经济，通过发展混合制经济有利于国有企业产权结构的调整和国有资本的保值增值等方面。完善国有资产管理体制主要以管资本为主，通过管资本来有效监管国有资本并实现国有资本的优化配置,提升国有经济的活力。界定国有企业的功能并分类则有助于针对性的分类开展国有企业改革、优化国有经济的总体布局以及有效进行国有资产的监管。

2015年8月,政府发布了国有企业改革的纲领性文件《关于深化国有企业改革的指导意见》,从改革的总体要求、国有企业的分类推进、现代企业制度的完善和国有资产管理体制的完善四个方面阐述了国有企业改革的主要内容。为了配合国有企业的深化改善,国务院相继颁布了《关于国有企业发展混合所有制经济的意见》和《改革和完善国有资产管理体制的若干意见》。国资委在2015年年底颁布了《关于国有企业功能界定与分类的指导意见》,将国有企业分为商业类和公益类。以上三个文件的发布为国有企业改革顺利开展提供了保障和支持。

国家除了推出深化国有企业改革的相关政策之外,还从2014年开始了改革的试点工作。2014年7月,国资委选择6个中央企业作为"四项改革"的试点单位,四项改革的试点内容包括中央企业改组国有资本投资公司、发展混合所有制经济、高管人员选聘以及派驻纪律检查组试点。2016年,《中央企业深化改革瘦身健体工作方案》提出国有企业改革进入深水区,中央企业实施"瘦身健体"将有助于增强主业的核心竞争力,提高国有企业运行效率,使国有企业"做强做优做大"。然后,国资委又开展了"十项改革试点",代表着国有企业的深化改革由推行阶段进入了落实阶段。

2013年开始的第四次国有企业改革是国有企业改革的深化阶段。为适应当前中国经济增长速度放缓和经济结构不断优化升级的经济发展新常态,国有企业的深化改革从混合所有制的推行、国有资产管理的完善以及国有企业的分类等多方面着手,不断提高国有企业自身的经济活力和影响力。从2016年国有企业改革的落实情况来看,我国已经基本建立了国有企业改革的"1+N"政策体系,同时国有企业改革的试点工作也已经全面铺开,企业功能的界定工作也在各省市逐步开展,集团层面重组步伐不断加快。中央企业数量从2013年的114家调整为2016年的105家,减少了9家。通过深化国有企业改革使得国有企业更好地适应了市场经济的发展要求,提高了国有企业在国际市场和国内市场上的核心竞争力。未来国有企业将面临更加激烈的市场竞争环境和来自供给侧结构性改革的挑战，要想实现"做强做优做大"的目标，国有企业就必须继续针对其突出的问题不断进行深化改革。

4.2 国有企业薪酬制度的演变

我国国有企业薪酬制度的演变与国有企业改革的整体发展是紧密联系的。根据国有企业改革的阶段划分，本研究将我国国有企业薪酬制度的演变分为五个时期。第一个时期是1949—1977年。在这个时期国有企业主要的表现形式是国营企业。在1956年我国第一次工资改革之后，建立了全国统一的职务等级工资制，为今后国有企业薪酬制度的发展奠定了基础。第二个时期是1978—1991年。伴随着国有企业的兴起，国有企业薪酬制度也发生了巨大的变化。由全国统一的职务等级工资制转向了工效挂钩模式下的岗位技能工资制，极大地激发了国有企业员工的工作热情和积极性。第三个时期是1992—2002年。在建设现代企业制度的背景下，真正的现代薪酬制度也建立起来，企业内部的薪酬制度由原先国家统一控制转向了国家宏观指导下企业自主安排的薪酬制度。第四个时期是2003—2013年，这一时期出现了国有企业员工的薪酬迅速上涨现象导致国内不同性质企业员工的收入差距扩大。同时，经济危机中国有企业高管薪酬居高不下的问题也引起社会的严重不满。因此，国资委成立后规范和约束国有企业员工和调节高管的过高薪酬成为该时期薪酬改革的主要目标。第五个时期是2013年至今，仍在进行中。在国有企业深化改革的背景下，如何设计与混合所有制相匹配的国有企业薪酬制度并体现薪酬激励性和约束性成为这个时期薪酬改革的重要内容。

4.2.1 国有企业建立阶段的薪酬制度（1949—1977年）

在1978年改革开放之前，由于国营企业一直由国家高度集中的进行统一管理和经营。国营企业对于企业内部工作人员的工资没有独立的决策权，员工的工资按照国家统一的工资制度确定。1956年，国务院通过了《关于工资改革的决定》并开启了中华人民共和国成立后第一次全国统一的工资改革，初步建立了职务等级工资制，为计划经济时期中国的工资制度奠定了基础。通过第一次工资制度的改革，国家取消了建国初期的工资分制和物价津贴制，直接以货币的形式制定工资标准。国家机关事业单位的工作人员按照职务等级的高低分为 30 个级别，企业工人按照技能等级的高低分为 18 级工资。

我国实行职务工资等级制改革的主要目标是贯彻社会主义按劳分配的基本原则，克服原先工资制度中的平均主义现象，激发劳动者的工作热情和提高生产效率。但是，在职务等级工资制的实际应用过程中，这种工资制度还是存在较严重的平均主义倾向，未能真正体现出不同职务之间的工资差距。国营企业的管理人员由政府任命，工资按照国家机关事业单位的职务工资标准设置。因此，国营企业管理人员的工资水平的高低主要是由担任的行政级别决定的，而未能与国营企业的发展相联系，导致管理者工资水平长期增长缓慢或停滞等情况。同时，奖金和计件工资等被视为资本主义物质性激励，导致国营企业管理者的收入来源单一，仅能从企业获得的职务工资。显然，职务工资等级制是一种由国家直接向企业员工分配的手段，企业没有发挥任何作用，因此并没有真正激发出国营企业管理者的工作热情，也不利于国营企业的长期发展。

4.2.2 国有企业兴起阶段的薪酬制度（1978—1991 年）

1978 年，党的十一届三中全会之后我国确立了"按劳分配"原则，国有企业的工资制度发生了新的变化，打破了原先"吃大锅饭"的局面。国有企业开始实施按劳分配的工资制度，同时也恢复了奖金和计件奖励制度。1978 年推行的企业基金制度让国有企业员工拿到了奖金奖励；1979 年国家通过实行利润留成制扩大了国有企业对奖金的分配权利。这两种方式在一定程度上体现了多劳多得的分配思想，对于调动国有企业员工的生产积极性有较好的作用。但是，总体奖励的力度不大，未能完全体现员工的个人业绩。1984 年，国务院《关于进一步扩大国营工业企业自主权的暂行规定》在工资奖金的部分中提出，国有企业在执行国家统一标准工资制度的前提下，可以根据自己企业的特点自选工资形式，企业也拥有对奖励基金的自主分配权利。1984 年，国家开始实施"利改税"之后，国务院颁布的《关于国营企业发放奖金有关问题的通知》中提出奖金要同企业的经济效益挂钩，将奖金封顶改为奖金征税，企业具有拥有自由支配奖金的权利。这样就打破了奖金发放的平均主义，拉开了员工之间的收入差距，调动了国有企业和员工的积极生产的热情。这次改革主要是针对国有企业奖金的改革，国家给了国有企业有限的自主权，企业对员工的奖金分配进行自主管理，但是员工的基本工资依然受到国家的统一管制。

1985年，党的十二届三中全会中进一步明确了要彻底贯彻落实按劳分配的原则，并提出国有企业职工工资奖金要与企业的经济效益挂钩，拉开企业内部工资档次，体现劳动的差别。随后，国务院就发布了《关于国营企业工资改革问题的通知》，通知中提出"工资总额要和经济效益挂钩"，国有企业工资开始向"工效挂钩模式"转变。国家不再统一管制国有企业员工工资的调整，国有企业员工的工资与企业经济效益密切联系。国有企业之间可以因经济效益不同而安排不同的工资水平，国有企业员工也可以按贡献大小而发放不同的工资。同时，工资的形式也可以由企业根据实际情况自主安排。国有企业工资形态开始呈现多元化的发展，选择职务等级工资、岗位工资、结构工资还是浮动工资等均由企业自主决定。1986年，国务院《关于深化企业改革增强企业活力的若干规定》中再一次提出国家不再对企业内部员工工资分配做统一规定，企业可以自主安排工资奖金分配的办法和形式，同时还降低了奖金税率。

1979—1991年，国有企业薪酬制度主要是按照"按劳分配"的基本原则，先后扩大了企业在奖金和工资制定方面的自主权。此次工资改革从国家对企业员工的直接工资分配转为国家对企业、企业再对员工进行分配的两层次工资分配模式，给与企业一定工资分配的自主权。国家通过采取工效挂钩的模式激励企业和员工的工作热情，工资的形态也逐渐由单一的职务工资等级制向多元化的工资形态发展。国有企业工资安排随着国有企业的逐步兴起而更具激励性和更加合理化。

4.2.3 国有企业探索阶段的薪酬制度（1992—2002年）

1992年，党十四大报告确立了建立社会市场经济体制的总体目标，在分配方式上提出按劳分配为主，其他分配方式为补充的要求。原先国有企业工资体制仅满足了过去有计划的商品经济条件下的企业发展要求，但是对于适应新的社会主义市场经济体制还存在一定差距。已经推行的工效挂钩模式从工资总量的设置方面已经具备有一定的市场机制的体现,但是国有企业对于劳动力市场的供求变化反应还是滞后的。1992年,国务院颁布的《全民所有制企业转换经营机制条例》进一步规定了国有企业所拥有的14项经营自主权,其中一项就是企业对工资和奖金的分配权。除了明确国有企业按工效挂钩来确定企业工资总额之外,企业还可以依据自身的经营特点选择具体的工资制度,并有权调整员工的薪酬。为了适应社会主义市场经济的要求,国有企业在这阶段的工资改革主要是从具体的工资形式上有所突破,开始试行岗位工资为主的工资制度。岗位技能工资制是基于岗位劳动(劳动的强度、技能、责任和条件等)评价的基础,以岗位工资和技能工资为主,并考虑员工实际劳动贡献的一种工资制度。岗位技能工资本质上也是结构工资的一种表现形式,主要是突出了岗位和技能的特点。1991年,国家的"八五"规划纲要中就早已提出企业要逐步实行岗位技能工资制为主的企业内部分配制度。于1992年年初,劳动部开始在100家企业中推行岗位技能工资制的试点工作。岗位技能工资的实施有利于体现按劳分配的基本原则,同时还能达到提高员工技能水平的目的,有利于企业生产效率的提高和适应社会主义市场经济发展的要求。

1993年在党的十四届三中全会之后,国有企业开始进入建立现代企业制度的起步阶段。国有企业工资改革为适应现代企业制度的建设也同步开始了新的调整。在社会主义市场经济条件下,工资应该是由劳动力市场上劳动力供给和需求关系的变化而决定的。只有充分让企业成为工资制度的设计主体,才能真正实现按照自身经营和发展的需要对劳动力市场上工资的变化迅速做出应对和调整。为了形成有效的市场竞争机制,政府首先开始有条件地放开对工资总量的控制。一方面是继续实行工效挂钩的模式;另一方面允许股份制企业按照"两低于"原则自主决定工资总额。同时,国家也通过实行劳动力市场工资指导价位制度和最低工资保障制度的方式,对国有企业的工资水平进行间接调控。此外,政府通过立法的形式从宏观上加强了工资的管理,如1995《中华人民共和国劳动法》的颁布。通过以上国家三个层面的改革措施,可以看到政府对国有企业工资的控制变为间接性的调控,将调控的方式由行政手段改为经济和法律手段,运用法律,为国有企业自主安排企业工资制度创造了良好的条件和环境。

1997年,党的十五大报告中将分配方式设定为将按劳分配和按生产要素分配相结合的方式,允许并鼓励其他生产要素,如资本和技术等参与分配。国有企业工资改革就开始结合国有企业股份制改革,对按劳分配和按生产要素分配相结合的工资方式进行了探索,具体表现有经营者年薪制、职工持股、技术入股、劳动分红等多种新方式。2000年,全国工资会议上劳动部提出国有企业工资制度改革的基本思路是"市场机制调节,国家监督指导,企业自主分配,员工民主参与"。2000年,劳动部发布了《关于深化国有企业内部人事、劳动、分配制度改革的意见》。分配制度改革主要涉及对国有企业的工资的分配方式、决定机制、内部分配办法、市场调节手段的应用、分配结构的调整等多方面的内容,为国有企业工资进一步改革指明了方向。劳动部下发的《进一步深化企业内部分配制度改革的指导意见》中,提出要建立以岗位工资为主的基本工资制度,即基本工资由岗位决定,实行按岗位制定员工的薪酬,薪酬随企业的经济效益的变化而上下浮动。岗位工资具体的表现形式有岗位绩效工资、岗位薪点工资和岗位等级工资等,企业可以自主选择合适的岗位工资形式。通过岗位工资的推行,有助于使岗位职责与企业业绩相挂钩,增强了企业内部员工的竞争和工作积极性,使企业内部的薪酬制度更具激励性。

1992—2002年,伴随着现代企业制度的建立,国有企业内部的薪酬制度由原先国家统一的控制转向了国家宏观指导下,通过市场机制调节并结合企业自主安排的薪酬制度。企业自主分配工资的权利进一步扩大,开始按照市场运行机制自主决定和调节工资,同时也开始了对按劳分配与按生产要素分配相结合的工资形式的探索。通过岗位工资制形成了有激励性的基本工资制度,真正意义上的国有企业薪酬制度在这个阶段开始逐步建立。

4.2.4 国有企业进展阶段的薪酬制度(2003—2012年)

2003年,国资委成立后按照党的十六届三中全会中提出的收入分配改革要求,对国有企业的工资分配问题进行了初步的梳理。针对国有企业工资管理中存在问题,从工资总额增长的控制上、企业负责人薪酬的规范、企业年金的试行等方面采取了相应的措施。首先,工资总额的控制是按照劳动和社会保障部2003年颁布的《关于进一步做好企业工资总额同经济效益挂钩工作的通知》对国有企业的功效挂钩方案从严审批和管理,从而进一步加强对国有企业工资总额的调控,有利于国有企业工资增长与企业经济效益增长的关系合理化。其次,企业负责人薪酬制度方面,国资委从2003年到2006年陆续发布了《中央企业负责人经营业绩考核暂行办法》《中央企业负责人薪酬管理暂行办法》《国有控股上市公司实施股权激励试行办法》等一系列管理办法来规范国有企业高管的薪酬体系。同时,党的十六大报告中所确立"劳动、资本、技术和管理等生产要素按贡献参与分配"的原则也在国有企业薪酬改革中得到了进一步的应用。主要表现在企业经营者年薪制的试行、高管股权激励等方面。国资委针对国有控股上市企业和科研企业都制定了相应的股权激励办法,为按生产要素参与分配提供了基本依据。但是,基于很多国有企业股份制改革还在逐步完善中,真正有效实施股权激励的国有企业并不多。此外,企业年金的建立也进一步完善了国有企业的薪酬体系,加强了薪酬的长期激励性。

2007年,针对我国当时分配领域中出现的种种不公平现象,党的十七大报告中提出要健全生产要素按贡献参与分配,并强调要同时处理好效率与公平的关系。为了构建和谐的劳动关系以及控制员工内部薪酬差距,2009年国资委在《关于深化中央企业劳动用工和内部收入分配制度改革的指导意见》中从工资总额、岗位绩效管理、生产要素按贡献参与分配和福利薪酬体系完善的四个方面对国有企业员工的收入分配制度做出了的相关规定。主要表现为工资总额要随企业绩效而上下变动;绩效与岗位的责任和企业的效益密切联系;结合企业和员工的实际规范实行中长期的激励手段;企业年金制度的进一步健全和完善。2008年,受到经济危机的影响国内经济出现下滑,但国有企业高管的薪酬依然居高不下,引起社会的广泛关注。因此,针对国有企业高管薪酬偏高的问题国家颁发了《关于进一步规范中央企业负责人薪酬管理的指导意见》(限薪令),对中央企业负责人的薪酬水平、结构和支付等多个方面做出了规定,目的是要规范和约束中央企业高管的薪酬。

2003—2013年,国资委的建立对于国有企业薪酬制度的进一步完善化和规范化起到了积极的推动作用。但是,这个时期国有企业员工收入不断升高和国有企业高管薪酬的合理性问题受到了普遍的社会关注。因此,这一阶段国有企业薪酬制度改革的方向主要是规范和约束国有企业员工和高管的薪酬。国家通过采取工资总额控制和增长指导线等措施管制国有企业的工资总额和工资增长,缩小国有企业员工与其他企业员工之间的工资差距。国家颁发"限薪令"调整并规范国有企业高管的薪酬水平和结构,规范和约束企业负责人薪酬。这一阶段的国有企业薪酬制度的改革一定程度上缓解了我国收入差距不合理的问题,初步建立国有企业薪酬的激励约束机制。

4.2.5 国有企业深化阶段的薪酬制度(2013年至今)

2013年,党的十八届三中全会《关于全面深化改革若干重大问题的决定》中,将混合所有制经济定位为我国的基本经济制度,国有企业混合所有制改革也随之进入深化阶段。伴随着混合所有制改革的全面实施,国有企业薪酬制度的重点也发生了变化。主要体现在混合所有制下薪酬激励制度的探索和继续规范高管薪酬两个方面。

4.2.5.1 混合所有制下薪酬激励制度的探索

混合所有制下薪酬激励制度的探索的一个主要表现形式就是混合所有制员工持股的实践。党的十八届三中全会中提到允许混合所有制企业使用员工持股。我国最早在 20 世纪 80 年代国有企业股份制改造过程就尝试过使用员工持股的手段。继 2014 年证监会提出了《上市公司实施员工持股计划试点指导意见》之后,国务院在《关于国有企业发展混合所有制经济的意见》也提出探索并实行混合所有制企业的员工持股,这标志着我国员工持股制度的发展进入了新的阶段。通过实行员工持股使企业员工既是劳动者同时也是资本所有者,员工可以与企业能共同分享企业利润并承担相应的风险。这阶段员工持股主要是优先在科技型企业开展试点,通过增资扩股和出资新设等方式逐步推进员工持股。

4.2.5.2 国有企业高管薪酬的继续规范化

国有企业高管薪酬的继续规范化则是此次国有企业薪酬体系建设中的重点问题。党的十八大报告中提出"必须深化收入分配制度改革"之后,2013 年国务院就发布了《关于深化收入分配制度改革的若干意见》，提出要加强国有企业高管的薪酬管理。根据国有企业高管的分类形成国有企业高管差异化的薪酬制度，同时也要将高管薪酬与绩效、责任和风险相结合。2014年，国制定的《中央管理企业负责人薪酬制度改革方案》中，规定中央企业负责人的薪酬分为基本年薪、绩效年薪以及激励收益三个部分。其中基本年薪部分与企业员工的平均薪酬相联系，绩效年薪与业绩考核相联系，激励收益部分的政策还在探索中。2015年，国务院颁布的《关于深化国有企业改革的指导意见》中，进一步明确对国有企业管理者实行差异化薪酬。管理者的薪酬要与选任方式、企业功能性质以及经营业绩相联系。国家任命的国有企业领导人员薪酬由基本年薪、绩效年薪和任期激励收入三个部分构成。市场选聘的职业经理人按市场化薪酬进行激励。2016年，财政部颁布了《国有科技型企业股权和分红激励暂行办法》，对科技型企业中的经营管理人员和技术人员的股权和分红做出了规定，对其他类型国有企业的管理人员长中期激励机制的设计起到了示范性的作用。

2013年至今，国有企业改革在不断深化的同时也带动了国有企业薪酬制度的全面深化改革。随着国有企业混合所有制的改革，市场将在企业薪酬体系中发挥主导作用，企业依法自主决定企业的薪酬制度。国有企业薪酬决定和正常增长机制基本适应现阶段劳动力市场的发展和要求。国有企业高管薪酬将按企业分类、选任方式以及业绩实行差异化的薪酬制度。国有企业的员工则通过绩效考核合理拉开收入差距，从而更加充分地调动国有企业员工的工作积极性。随着混合所有制下薪酬激励制度不断探索和完善，今后国有企业新型的薪酬体系将逐步走向科学化、合理化和多元化。

4.3 国有企业高管薪酬制度改革

4.3.1 国有企业高管薪酬制度的建立阶段（1978—1991年）

1978年以前，中国实行的是计划工资制度，主要的形式是职务等级工资制。国有企业统一由国家集中管理控制，政府负责任命企业中的管理人员。国有企管理人员工资按照国家机关事业单位的职务工资标准设置。因此，国营企业管理人员的工资水平的高低主要是行政级别决定的，受到高度结构化的薪酬层级体系的制约。

20 世纪 80 年代，伴随着企业自主权的扩大和企业利润留成制度的实施，国有企业开始拥有自主经营的权利，企业经营者收入和生产目标相结合的薪酬制度开始出现。1986 年，国务院在《关于深化企业改革增强企业活力的若干规定》中提出了厂长任期目标责任制。完成年度责任目标的国有企业，经营者收入可高于员工平均收入的 1～3 倍。1987 年，国有企业开始实行承包责任制之后，企业经营者和政府签订承包合同，以契约的形式明确了企业经营者和政府管理部分之间的责任、权利和利益。按照《全民所有制工业企业承包经营责任制暂行条例》中的规定，国有企业经营者的收入与经营承包合同的完成情况相联系。经营承包合同完成好的企业经营者可领取高于员工平均收入的 1～3 倍，完成不好的企业经营者收入应当减扣并承担相应的责任。1991 年，劳动部发布的《关于改进完善全民所有制企业经营者收入分配办法的意见》中，进一步明确国有企业经营者的报酬要与企业的经营成果结合，按承包责任制合同完成的情况确定经营者的收入，同时也要合理拉开经营者和其他员工的收入差距。

20 世纪 80 年代到 90 年代初，国有企业兴起阶段的改革措施也同步地催化了国有企业高管薪酬制度的建立。特别是在实行承包经营责任制之后，国有企业高管的薪酬与企业的经营成果相挂钩的分配办法，明显拉开了与普通员工的收入差距，极大地鼓舞和激励了国有企业经营者的工作积极性，为今后国有企业高管薪酬制度的发展奠定了基础。

4.3.2 国有企业高管薪酬制度的探索阶段（1992—2002 年）

随着我国社会主义市场经济体制的确定和现代企业制度的建立，国有企业高管薪酬制度也进入了新的探索阶段。在国有企业薪酬制度的探索初期，由于企业内部的激励和约束机制还不完善，出现了国有企业经营者给自己加工资以及给员工乱涨工资的现象。因此，1994 年劳动部下发了《关于加强国有企业经营者工资收入和企业工资总额管理的通知》和《国有企业厂长奖惩办法》两个文件，对企业经营者的考核内容和奖励办法重新作了规范，一定程度上完善了国有企业高管的激励和约束机制。

国有企业高管的薪酬在这个阶段最突出的变化就是年薪制和股权激励的使用。1992 年上海市最早启动了薪制的试点工作，随后深圳市、江苏省等地区也开始了试点并出台了各地区的年薪制试行办法。1995 年，劳动部颁发了《企业经营者年薪制试行办法》并挑选 100 家国有企业开始试点。但是，年薪制在试行过程中存在一定的问题，并没有达到长期激励的效果，所以 1998 年劳动部暂停了年薪制的实施。1999 年，党的十五届四中全会通过的《关于国有企业改革与发展若干问题的重大决议》中，提出可以继续探索年薪制和持有股权的分配方法。到 1999 年，全国有 9 000 余家国有企业实行年薪制。通过这个阶段国有企业经营者年薪制的试点可以看到，国有企业经营者已经成为国有企业薪酬体系中主要的激励对象，受到国家和企业的高度重视。国有企业高管股权激励的使用没有像年薪制一样在全面开展。只有上海市、北京市、深圳市等少数省市的国有企业从 1997 年开始了股权激励的前期初步探索。每个地区的股票期权激励有自己的特色。例如，上海市对工业系统的国有企业经营者试行股票期权的激励；1999 年，北京市在 10 家公司制的企业中开展了经理股票期权的试点工作；深圳市则开展了经营成果换股试点。

20 世纪 90 年代后，国有企业高管薪酬制度进入了多元化激励机制的探索阶段。这个阶段中，一方面国家通过相关政策颁布对高管薪酬考核内容和奖励办法进一步的调整和规范；另一方面更多的是对国有企业高管薪酬制度和机制上进行了突破和创新。通过年薪制和股权激励的试行使得高管薪酬体现了按劳分配与按生产要素分配相结合的原则，并强化了国有企业高管薪酬和业绩的挂钩，提升了国有企业高管的薪酬水平并形成了有效的激励。

4.3.3 国有企业高管薪酬制度的规范阶段（2003—2012 年）

2003 年，国资委通过发布《中央企业负责人经营业绩考核暂行办法》，使"年薪制"首次成为国有企业高管的制度性规定。2004 年，国资委制定的《中央企业负责人薪酬管理暂行办法》中，将国有企业负责人的薪酬分为基薪、绩效薪金和中长期激励单元。基薪和绩效薪金构成了企业负责人的年薪，其中绩效薪金由国有企业经营业绩考核结果决定。年薪制在这个时期成为国有企业高管薪酬的主要形式，明确了国有企业高管薪酬必须考核的原则，规范了国有企业高管的薪酬制度。

与此同时，国有企业高管的中长期激励形式也有所发展。2005年，国资委发布的《关于上市公司股权分置改革的指导意见》中，规定完成股权分置的企业可实施管理层股权激励，为股权分置国有企业高管薪酬改革和制度创新提供了基础条件。股权分置改革完成后股东利益将直接与公司股价挂钩，对高管的考核也与上市公司价值最大化联系得更为紧密。2006年，证监会制定的《上市公司股权激励管理办法（试行）》中，明确规定完成股份分置的上市公司以按本办法对企业的高管实施股权激励，其中限制性股票和股票期权是股权激励的主要方式。该办法规范了国有企业高管的股权激励机制，有助于高管薪酬激励和约束机制的健全。随后，国资委在《国有控股上市公司（境内）实施股权激励试行办法》中，对国有企业的高管股权激励做出了相应的规定。2008年，国资委在《关于规范国有控股上市公司实施股权激励制度有关问题的通知》中，对股权激励实施条件的严格化、股权激励业绩考核的完善、股权激励收益水平的控制和股权激励计划的强化管理进行了进一步的规范和说明。

2008年，中国平安保险公司的高管6 000多万元的薪酬引发社会普遍关注。针对高管天价薪酬的问题，2009年《金融类国有及国有控股企业负责人薪酬管理办法》中对国有金融机构高管的最高年薪做了限制，最高为税前280万元。国家针对国有企业高管薪酬偏高的问题在2009年颁布了"限薪令"，主要对央企高管薪酬的水平、结构和支付等多个方面做出了规定和约束。此外，财政部还下发了《关于国有金融机构高管薪酬分配有关问题的通知》《中央金融企业负责人薪酬审核管理办法》等金融企业高管薪酬的管理办法，重点对金融企业高管的绩效薪酬考核和支付等方面进行了严格的规定。

2003年，随着国资委的成立，国有企业高管的薪酬制度也得到了逐步的完善。越来越多的国有企业在这个阶段完成了股权分置改革，为推行国有企业高管的中长期股权激励奠定了良好的基础。同时，国家关于国有企业上市公司股权激励的各类政策也不断出台,国有企业高管薪酬决定的政策体系初步形成。这个阶段国有企业高管的薪酬不合理偏高的现象凸显,国家通过制定相关政策对其进行规范性的调节,但是仍然不够到位。因此,国有企业高管薪酬也必须随着国有企业改革的不断深化而进一步改革和调整。

4.3.4　国有企业高管薪酬制度的完善阶段(2013年至今)

进入国有企业混合所有制改革的深化阶段,在国有企业高管中实行差异化薪酬分配制度,完善并加强国有企业高管的薪酬管理制度的激励性和约束性成为这一阶段国有企业高管薪酬制度改革中的重点内容。

2013年,国务院批转的《关于深化收入分配制度改革的若干意见》中,首次提出国有企业高管薪酬要与分类管理和选任方式相结合,对国有企业高管薪酬实行差异化管理。2014年,国家制定的《中央管理企业负责人薪酬制度改革方案》中,强调对国有企业高管的薪酬水平、结构、管理、监督等方面进行改革,同时也要调节不合理的偏高国有企业高管薪酬,使其适应国有企业深化改革的进程。此外,方案中还提到在分类分级管理的基础上实施高管薪酬差异化的分配方式,形成高管与员工之间合理分配关系,以及完善薪酬监管机制等方面的内容。2015年,国务院印发的《关于深化国有企业改革的指导意见》中,进一步明确了国有企业管理者实行差异化薪酬的具体方式:一方面是要考虑国有企业的分类和性质,根据国有企业的定位来区别对待高管的薪酬设置;另一方面则是根据高管的选任方式的不同来设计国有企业高管的薪酬。行政任命的高管薪酬由基本年薪、绩效年薪和任期激励收入三个部分构成。通过市场选拔并任用的职业经理人则按市场价格来安排薪酬。2016年7月,人力资源和社会保障部提出将进行国有企业高管差异化薪酬分配制度的试点,标志着国有企业高管差异化的薪酬分配制度将进入实践阶段。

除了国有企业高管差异化薪酬分配制度之外,科技型企业高管的股权和分红办法也有了新的探索。2009年,国家开始在北京市中关村科技园区开始股权激励的试点,主要采取股权和分红的方式对技术人员和管理人员进行激励。2016年,财政部在北京市中关村实施股权和分红政策试点的基础上制定了《国有科技型企业股权和分红激励暂行办法》，对科技型企业中的经营管理人员和技术人员的股权和分红做出了规定，这一办法对其他类型国有企业的管理人员中长期激励机制的设计也起到了较好的示范性作用。

2013年，开始进入国有企业改革深化的攻坚阶段，国有企业高管的薪酬改革也在不断深入。国有企业高管差异化薪酬分配制度的推出和试点进一步完善了我国国有企业高管薪酬体系的建设，同时也加强了对国有企业高管的激励和约束。科技型企业股权和分红政策的探索也会激发其他类型国有企业高管中长期激励机制的探索和使用。总之，国有企业高管薪酬制度的设计是一项复杂的工程。随着我国现代企业制度的不断完善，国有企业混合所有制改革的逐步深化，国有企业高管的薪酬制度也必将随着变革，这样才能更好地激发高管的创造性和经营才能，实现薪酬的激励和约束功能。

4.4 国有企业高管薪酬的现状分析

4.4.1 国有企业高管薪酬水平状况分析

本研究数据以深圳国泰安教育技术股份有限公司（简称国泰安）中的上市企业为样本，对数据作以下处理：①剔除相关变量不全的样本数据；②剔除ST、PT类样本数据；③剔除薪酬数据为0的样本数据。其中国有企业高管薪酬是以数据库中"金额最高的前三名高级管理人员的报酬总额"为基础进行计算的。剔除无效数据后最终得到2006—2015年的国有企业样本8 657个，通过对该样本的分析来了解最近10年内国有企业高管的薪酬状况。

国有企业高管年度薪酬水平如表4.4所示。由表4.4可以看到，2006—2015年国有企业高管的年度薪酬水平变化趋势。无论是国有企业高管年度薪酬水平的25%、50%和75%还是均值都呈现出不断上升的趋势（图4.1）。国有企业高管薪酬最大值呈现出波浪式的变化，其中2011年国有企业高管薪酬的最大值高达967万元，随后高管薪酬水平的最大值又有所回落。国有企业高管薪酬的均值则始终是不断上涨，从2006年的28.6万元上升到2015年的75.8万元，国有企高管薪酬水平增加了 2.65 倍。2015 年,《中央管理企业主要负责人薪酬制度改革方案》开始实施,涉及的中央管理企业已经开始了高管薪酬的调整。从国有企业高管薪酬的均值变化来看,2015 年相对 2014 年薪酬的增长速度有所下降。

表 4.4 国有企业高管年度薪酬水平　　　　　　　　（单位:元）

年份	数量/家	最小值	25%	50%	75%	最大值	均值
2006	775	23 866.67	121 533.33	213 333.33	340 400.00	5 021 073.00	286 060.86
2007	807	21 290.00	161 800.00	274 000.00	431 933.33	5 573 666.67	377 233.96
2008	835	21 532.00	186 000.00	302 966.67	483 066.67	5 053 333.33	405 338.98
2009	860	20 000.00	216 633.33	341 166.67	532 283.33	7 286 666.67	466 702.09
2010	866	43 333.33	230 108.33	365 200.00	567 125.00	9 167 433.33	494 087.92
2011	906	5 4100.00	308 566.67	472 250.00	705 041.67	9 674 666.67	635 288.45
2012	949	55 733.33	319 550.00	479 566.67	719 750.00	7 243 333.33	622 599.88
2013	942	60 666.67	332 358.33	508 566.67	732 878.75	6 135 300.00	635 941.98
2014	970	63 333.33	358 050.00	535 234.17	800 175.00	7 441 666.67	713 804.51
2015	747	83 566.67	387 366.67	574 400.00	839 800.00	7 889 666.67	757 577.63

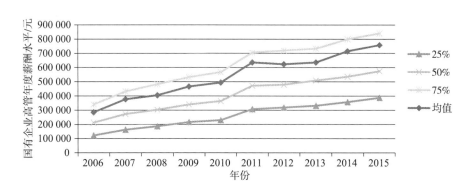

图 4.1　2006—2015 年国有企业高管年度薪酬水平变化趋势

在 2015 年 747 家国有上市公司中,年度薪酬最高的高管薪酬为 378.2 万元。2015 年上市国有企业高管薪酬前 10 名的企业如表 4.5 所示。从表 4.5 可以看到,在 2015 年上市国有企业高管薪酬最高的前 10 家企业当中高管薪酬均超过了 140

万元,其中万科企业股份有限公司(简称万科)和金风科技企业有限公司(简称全风科技)高管薪酬超过了300万元。从行业分布来看,房地产业有三家,制造业有三家,金融业有两家,采矿业和信息技术服务业各一家。

表 4.5 2015 年上市国有企业高管薪酬最高的前 10 家企业

排名	股票代码	企业简称	行业	薪酬均值/元
1	000002	万科	房地产业	3 782 357.14
2	002202	金风科技	制造业	3 068 321.05
3	000039	中集集团	制造业	2 211 000.00
4	002736	国信证券	金融业	2 001 117.65
5	001979	招商蛇口	房地产业	1 828 125.71
6	601899	紫金矿业	采矿业	1 662 557.89
7	600718	东软集团	信息传输、软件和信息技术服务业	1 647 962.50
8	600325	华发股份	房地产业	1 587 266.67
9	601336	新华保险	金融业	1 523 580.00
10	000661	长春高新	制造业	1 497 777.78

4.4.2 国有企业和非国有企业高管薪酬的对比分析

国有企业和非国有企业高管年度薪酬对比如表 4.6 所示。由表 4.6 可以看到,国有企业和非国有企业高管的年度薪酬水平的 25%、50% 和 75% 以及均值的变化情况。其中,国有企业和非国有企业高管的薪酬差距 = 国有企业高管薪酬年度薪酬平均值/非国有企业高管年度薪酬平均值。通过 2006—2015 年国有企业和非国有企业高管的薪酬水平对比可以发现,2006 年上市国有企业的数量远远高于上市非国有企业数量,但是两类国有企业高管薪酬水平的差距并不大。随后,上市非国有企业数量的不断增加并在 2011 年超过了上市国有企业的数量,与此同时两类企业高管的薪酬差距也在 2010 年达到最大值 1.62 倍,之后薪酬差距又逐步缩小至 1.11 倍。国有企业和非国有企业薪酬的均值都呈现出不断上升的趋势,其中非国有企业高管薪酬的均值从 2006 年的 24.8 万元上升到 2015 年的 68.4 万元,非国有企业高管薪酬水平增加了 2.76 倍,略高于国有企业高管薪酬水平的增长速度。

表 4.6 国有企业和非国有企业高管年度薪酬对比 （单位：元）

年份	类型	数量/家	25%	50%	75%	均值	薪酬差距/倍
2006	国有企业	775	121 533.33	213 333.33	340 400.00	286 060.86	1.16
	非国有企业	325	101 566.67	156 000.00	260 500.00	247 548.08	
2007	国有企业	807	161 800.00	274 000.00	431 933.33	377 233.96	1.40
	非国有企业	400	118 833.33	198 016.67	316 000.00	270 129.62	
2008	国有企业	835	186 000.00	302 966.67	483 066.67	405 338.98	1.28
	非国有企业	454	142 225.00	231 433.33	387 150.00	314 513.56	
2009	国有企业	860	216 633.33	341 166.67	532 283.33	466 702.09	1.32
	非国有企业	578	159 589.58	255 750.00	424 775.00	354 857.28	
2010	国有企业	866	230 108.33	365 200.00	567 125.00	494 087.92	1.62
	非国有企业	818	136 850.00	235 416.67	381 175.00	304 205.28	
2011	国有企业	906	308 566.67	472 250.00	705 041.67	635 288.45	1.38
	非国有企业	1 109	238 450.000	365 766.67	553 316.67	461 388.55	
2012	国有企业	949	319 550.00	479 566.67	719 750.00	622 599.88	1.26
	非国有企业	1 238	255 841.67	378 283.33	569 100.00	493 079.97	
2013	国有企业	942	332 358.33	508 566.67	732 878.75	635 941.98	1.21
	非国有企业	1 295	276 533.33	393 900.00	620 566.67	524 083.33	
2014	国有企业	970	358 050.00	535 234.17	800 175.00	713 804.51	1.23
	非国有企业	1 418	294 616.67	427 250.00	669 733.33	582 498.85	
2015	国有企业	747	387 366.67	574 400.00	839 800.00	757 577.63	1.11
	非国有企业	1 284	325 041.67	487 800.00	762 325.00	683 952.64	

从国有企业和非国有企业高管薪酬均值的对比（图 4.2）中可以看到，2006—2015 年国有企业高管的薪酬平均水平始终高于非国国有企业的高管薪酬水平，两者存在一定的差距。

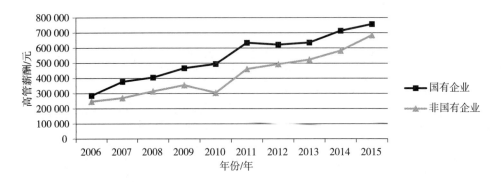

图 4.2　国有企业和非国有企业高管薪酬均值对比

4.4.3　国有企业高管与普通员工薪酬的对比分析

国有企业高管和普通员工年度薪酬对比如表 4.7 所示。由表 4.7 可以看到，国有企业高管和普通员工 2006—2015 年的年度薪酬水平总体变化情况。其中普通员工薪酬水平和薪酬差距按以下计算方法得出：

普通员工薪酬水平 =（支付给职工以及为职工支付的现金 − 金额最高的前
三名高级管理人员的报酬总额）/（在职员工人数 − 3）

国有企业高管和员工的薪酬差距 = 高管薪酬年度薪酬平均值/员工年度薪酬平均值

表 4.7　国有企业高管和普通员工年度薪酬的对比

年份	类型	均值/元	中值/元	最小值/元	最大值/元	薪酬差距/倍
2006	高管	286 060.86	213 333.33	23 866.67	5 021 073.00	4.85
	员工	59 018.72	42 713.75	4 896.22	594 198.34	
2007	高管	377 233.96	274 000.00	21 290.00	5 573 666.67	5.33
	员工	70 743.88	53 034.08	6 932.48	1 291 381.51	
2008	高管	405 338.98	302 966.67	21 532.00	5 053 333.33	5.16
	员工	78 507.71	59 469.75	7 249.74	704 328.94	
2009	高管	466 702.09	341 166.67	20 000.00	7 286 666.67	5.71
	员工	81 677.53	61 505.53	8 764.59	780 885.46	

续表

年份	类型	均值/元	中值/元	最小值/元	最大值/元	薪酬差距/倍
2010	高管	494 087.92	365 200.00	43 333.33	9 167 433.33	5.62
	员工	87 916.43	70 630.91	9 932.69	644 753.52	
2011	高管	635 288.45	472 250.00	54 100.00	9 674 666.67	6.24
	员工	101 869.43	80 963.26	2 370.72	835 145.00	
2012	高管	622 599.88	479 566.67	55 733.33	7 243 333.33	5.99
	员工	103 876.89	84 528.17	2 635.87	957 226.04	
2013	高管	635 941.98	508 566.67	60 666.67	6 135 300.00	5.84
	员工	108 827.16	92 011.99	15 755.62	489 413.11	
2014	高管	713 804.51	535 234.17	63 333.33	7 441 666.67	5.93
	员工	120 361.30	100 483.70	18 271.17	622 492.71	
2015	高管	757 577.63	574 400.00	83 566.67	7 889 666.67	5.69
	员工	133 016.24	109 514.63	19 338.02	735 291.1	

通过 2006—2015 年国有企业高管和普通员工年度薪酬水平对比（表 4.7）可以发现，2006 年国有企业员工的薪酬均值为 5.9 万元，而高管薪酬为普通员工薪酬的 4.85 倍。国有企业高管和普通员工的薪酬差距不断扩大，在 2011 年两者的薪酬差距达到最大值的 6.24 倍，之后薪酬差距又逐步缩小至 5.69 倍。

国有企高管和普通员工薪酬的均值都呈现出不断上升的趋势，其中普通员工薪酬的均值从 2006 年的 5.9 万元上升到 2015 年的 13.3 万元，普通员工的薪酬水平增加了 2.25 倍。从国有企业高管薪酬与普通员工薪酬增长速度的比较（表 4.8）可以发现，国有企业高管和员工薪酬增长速度最快是在 2007 年，之后两者薪酬的增速都有所下降。其中，国有企业高管薪酬增速在 2011 年到达 0.29 倍，后再一次回落，2015 年国有企业高管薪酬增长速度只有 0.06 倍。普通员工的薪酬增长速度的波动总体没有高管增长速度波动大。2012 年后，普通员工薪酬增长速度在逐步上升，2015 年薪酬增速度上升达 0.11 倍，超过了国有企业高管薪酬的增长速度。从以上国有企业高管和普通员工薪酬增长速度的变化可以看到国有企业高管薪酬受到政府薪酬管制政策影响之后，国有企业高管和普通员工薪酬的差距正在逐步缩小。

表4.8　国有企业高管薪酬与普通员工薪酬增长速度比较

年份	2007	2008	2009	2010	2011	2012	2013	2014	2015
高管/倍	0.32	0.07	0.15	0.06	0.29	-0.02	0.02	0.12	0.06
员工/倍	0.20	0.10	0.04	0.08	0.16	0.02	0.05	0.11	0.11

高管薪酬增长速度=（高管薪酬均值-前一年高管薪酬均值）/前一年高管薪酬均值
普通员工薪酬增长速度=（员工薪酬均值-前一年员工薪酬均值）/前一年员工薪酬均值

此外，利用2015年可获得的2 031家上市企业的样本，也可以分析计算出不同行业上市企业高管与普通员工的薪酬差距（表4.9）。其中，房地产业和农、林、牧、渔业的高管与普通员工的薪酬差距超过10倍，企业数量最多并且竞争最激烈的制造业薪酬差距为7.35倍。

表4.9　2015年不同行业上市企业高管薪酬与普通员工薪酬差距

行业	数量/家	高管/元	普通员工/元	薪酬差/倍
农、林、牧、渔业	28	521 715.48	72 142.49	11.13
采矿业	47	614 612.91	118 181.36	5.76
制造业	1 324	641 314.12	93 233.08	7.35
电力、热力、燃气及水生产和供应业	61	574 527.40	143 018.98	4.92
建筑业	54	657 601.94	148 584.49	5.01
批发和零售业	110	833 578.39	113 540.68	8.51
交通运输、仓储和邮政业	66	709 643.66	146 076.67	5.54
住宿和餐饮业	9	501 177.78	100 842.39	5.90
信息传输、软件和信息技术服务业	113	715 203.61	128 896.85	6.02
金融业	30	2 368 364.02	406 779.05	6.43
房地产业	87	1 299 844.13	154 081.19	10.35
租赁和商务服务业	18	908 685.19	110 310.34	8.48

续表

行业	数量/家	高管/元	普通员工/元	薪酬差/倍
科学研究和技术服务业	16	709 814.58	138 123.91	5.71
水利、环境和公共设施管理业	26	547 381.13	85 005.88	7.34
教育	1	583 333.33	134 966.64	4.32
卫生和社会工作	4	535 625.00	121 168.69	5.11
文化、体育和娱乐业	21	849 422.22	132 470.69	7.92
综合	16	653 077.08	110 365.36	6.65
全部	2 031	711 031.85	109 575.49	7.26

4.4.4 不同行业之间的国有企业高管薪酬的对比分析

2015年不同行业国有企业高管薪酬水平的分布状况见表4.10，其中行业分类按照2012年修订的《上市公司行业分类指引》分为19类。其中剔除了样本量较少的住宿和餐饮业（H）、科学研究和技术服务业（M）、居民服务、修理和其他服务业（O）、教育（P）、卫生和社会工作（Q）之后，将其余14个行业的高管薪酬按照水平从高到低排序。2015年，中高管薪酬水平最高的行业是金融业，行业高管薪酬的均值为226.9万元。随后是房地产业，该行业高管薪酬的均值为111.9万元，而高管薪酬均值最低的行业是农、林、牧、渔业行业，均值为34.9万元。薪酬水平最高的金融业的高管薪酬是薪酬水平最低的农、林、牧、渔业行业的6.5倍。由此可以看出，不同行业之间国有高管薪酬水平的差距非常巨大。不同行业的市场竞争环境、政府的支持力度和人员的获取难度的差异都会对行业间高管薪酬差距产生影响。例如，金融企业在市场中占有垄断地位，很容易就能获得政府的支持，高人力资本的人员也愿意从事金融方面的工作。而农、林、牧、渔业行业市场竞争激烈，得到政府支持相对较少，人力资源素质相对较低。此外，同一个行业内部不同企业高管的薪酬也存在一定的差距。以制造业为例，行业内最高的高管薪酬为638.5万元，而最低的高管薪酬仅有8.4万元，前者是后者的76倍。

表 4.10　2015 年不同行业国有企业高管薪酬水平的分布状况

行业分类	数量/家	均值/元	最小值/元	最大值/元	标准差/元	排名/位
农、林、牧、渔业	9	346 381.48	113 233.33	1 488 400.00	434 036.37	14
采矿业	30	598 036.67	135 566.67	3 229 800.00	538 965.09	11
制造业	377	665 599.41	83 566.67	6 385 233.33	609 102.47	8
电力、热力、燃气及水生产和供应业	56	586 270.91	235 966.67	1 190 166.67	232 842.25	12
建筑业	27	738 083.94	106 666.67	1 889 500.00	359 667.86	7
批发和零售业	53	926 041.51	201 166.67	2 742 566.67	558 923.39	3
交通运输、仓储和邮政业	56	743 820.50	224 000.00	3 056 666.67	545 828.98	6
信息传输、软件和信息技术服务业	21	831 819.05	251 100.00	3 593 200.00	677 280.09	5
金融业	21	2 269 023.21	643 044.00	5 608 000.00	1 443 267.92	1
房地产业	46	1 119 185.46	243 566.67	7 889 666.67	1 269 413.32	2
租赁和商务服务业	10	883 753.33	290 300.00	3 406 333.33	920 144.75	4
水利、环境和公共设施管理业	11	484 925.09	166 366.67	1 492 342.67	355 128.95	13
文化、体育和娱乐业	9	665 088.89	397 266.67	965 366.67	200 758.83	9
综合	11	652 142.42	120 000.00	1352 366.67	350 670.16	10

依据对国有企业高管现状分析的统计性描述，从国有企业高管薪酬水平状况来看，国有企业高管薪酬的均值则始终是不断上涨，从 2006 年的 28.6 万元上升到 2015 年的 75.8 万元，国有企业高管薪酬水平增加了 2.65 倍。其中在 2015 年的 747 家国有上市公司中，年度薪酬最高的高管薪酬为 378.2 万元。从国有企业和非国有企业高管的薪酬水平对比来看，过去 10 年国有企业高管的薪酬水平始终高于非国有企业高管水平，两者存在一定的差距。从国有企业高管和员工年度薪酬水平对比来看，国有企业高管和员工的薪酬差距呈现出不断扩大的趋势，在 2011 年两者的薪酬差距最大，达到 6.24 倍，之后薪酬差距又逐步缩小至 5.69 倍。从行业之间的国有企业高管薪酬的比较中可以看到，金融业和房地产业都存在薪酬水平过高的问

题。此外，同一行业内部不同企业高管的薪酬也存在一定的差距。从对国有企业高管薪酬的现状分析来看，国有企业高管薪酬存在的问题表现为国有企业高管薪酬水平设置不合理，但是实际上却反映了现行国有企业高管薪酬制度的不规范。

4.5 小结

本章主要阐述了我国国有企业的演变过程，国有企业薪酬制度的演变，国有企业高管薪酬制度的变化以及国有企业薪酬现状分析四个部分，理清了高管薪酬变革的基本历史发展脉络和现实状况。

1. 回顾了我国国有企业的演变过程

最初国有企业建立时称为"国营企业"。计划经济时代的国有企业由政府直接管理，属于政府的附属部门，在建国初期对于我国经济生产的恢复发挥了无可替代的作用。但是，在国家高度管控下的国有企业缺乏生产经营的主动性、活力不足。通过"扩大企业自主权"和"两权"分立政策的推行使得国营企业由国家的"生产车间"逐步转变为具有一定独立自主权利的企业，促进了国有企业的成长和发展。随着社会主义市场经济体制的建立，国有企业通过现代企业制度的建立和推行将企业的组织形式变为公司制。国有企业的经营和管理机制在改革中得到了进一步的规范。2003 年，国资委成立后进入国有企业发展的新阶段，加强了国有资产在关键领域和重要行业的控制力。此外，以股份制为主要形式的产权变革使得国有企业的股权向着多元化发展，"国有企业"成为"国有独资、国有控股或参股企业"。在目前经济发展新常态的背景下，国有企业的改革不断深化，如混合所有制的推行、国有资产管理的完善以及国有企业的分类等。国有企业在不同的历史阶段的改革都是顺应时代和经济发展的要求，通过不断地变革最终提高了国有企业在国际市场和国内市场上的竞争力和活力。

2. 介绍我国国有企业薪酬制度的演变。国有企业改革带动了企业薪酬制度的演变

1956 年，我国第一次工资改革之后，建立了全国统一的职务等级工资制，为今后国有企业薪酬制度的发展奠定了基础。伴随着国有企业的兴起，全国统一

的职务等级工资制转向了工效挂钩模式下的岗位技能工资制,极大地激发了国有企业员工的工作热情和积极性。随着现代企业制度的建设,国有企业薪酬制度由原先国家统一控制转向了国家宏观指导下企业自主安排的薪酬制度。国资委成立后如何规范和约束国有企业员工的薪酬和调节过高的高管薪酬成为第四阶段薪酬改革的主要目标。在目前国有企业深化改革的背景下,如何设计与混合所有制相匹配的国有企业薪酬制度并体现薪酬激励性和约束性成为这个时期薪酬改革的重要内容。

3. 阐述了国有企业高管薪酬制度的变化

20 世纪 80 年代实行承包经营责任制,国有企业高管的薪酬与企业经营成果相挂钩,为今后国有企业高管薪酬制度的设计和发展奠定了基础。90 年代后国有企业高管薪酬制度进入了多元化激励机制的探索阶段,年薪制和股权激励开始在部分国有企业内试行。2009 年,国有企业高管的薪酬不合理偏高的现象凸显,国家通过相关政策的制定对其进行规范性的调节。同时国家也制定了关于国有上市公司股权激励的各类政策,国有企业高管薪酬决定的政策体系初步形成,国有企业高管的薪酬制度也得到了逐步的完善。2013 年,开始进入国有企业改革深化的攻坚阶段,国有企业高管薪酬的改革也在不断深入。国有企业高管差异化薪酬分配制度成为这个阶段国有企业高管薪酬改革的亮点。

4. 研究了国有企业高管薪酬的现状

从国有企业高管薪酬水平状况来看,国有企业高管薪酬的均值则始终是不断上涨。国有企业高管的薪酬水平始终高于非国有企业高管水平,两者存在一定的差距。国有企业高管和员工的薪酬差距则呈现出不断扩大的趋势,不同行业之间以及同一行业不同企业高管的薪酬也存在一定的差距。国有企业高管薪酬水平偏高的现状实际上反映了我国目前国有企业高管薪酬制度的不规范和不完善。

第5章
分类视角下国有企业高管薪酬制度实证研究

5.1 引言

改革开放之后,为了顺应经济体制的改革和国内外市场的变化,国有企业不断对其自身经营和管理体制进行调整。国有企业自身不断的改革促进了国有企业的成长和发展,并取得了巨大的经济效益和社会效益。过去完成的国有企业改革使得现代企业制度得到了初步的建立,但在国有企业的实际应用中还存在种种问题。国有企业高管的薪酬问题也是一直影响国有企业发展的重要因素,过高的国有企业高管薪酬容易造成国有企业经济效益的损失,引起外部公众的不满。但是,如果薪酬不能满足国有企业高管的心理预期,其工作积极性必然也会受到打击,甚至产生不合理的在职消费或者贪污腐败等违法行为。国有企业高管作为国有企业生产经营的代理方,全面负责国有企业重要战略的制定和经营管理,在国有企业的发展中有举足轻重的作用。因此,如何设计合理有效的国有企业高管薪酬制度成为国有企业深化改革中的重要内容之一。

党的十八大报告中提出了要"深化国有企业改革",并进一步明确指出国有企业要分类治理的基本构想。2015年,国务院颁布的《关于国有企业功能界定和分类的指导意见》中将国有企业分为商业类国有企业和公益类国有企业两种类型。2016年,在《关于完善中央企业功能分类考核的实施方案》中,国务院依据商业类中央企业的主营业务所处的行业和重要程度,将其细分为主业处于充分竞争行业的商业类中央企业和主业处于关系国家命脉的重要领域的商业类中央企业。公益类中央企业则是以保障民生,提供公共产品和服务为主要任务的企业。实际上20世纪90年代后期开始,有部分学者就相继提出了国有企业分类改革的思想。例如,中国著名经济学家董辅礽(1995)就提出国有企业改革不应当是一个统一的模式,可以将国有企业分为竞争性国有企业和非竞争性国有企业,而非竞争性国有企业中又包括自然垄断企业和公益目标为主的企业[118]。杨瑞龙(1998)按照国有企业性质和市场化程度,把国有企业分为公共企业、垄断性和竞争性企业[119]。高明华(2013)提出基于目标和经营两个维度的国有企业分类,将其分为公益型、垄断性和竞争性国有企业[120]。

商业类和公益类国有企业分别有各自不同的功能定位和经营目标,所以两类国有企业的改革方向和路径也会有不同的选择。基于国有企业类型的差异,国有企业高管薪酬设计也会随之产生相应的变化,来实现对国有企业高管有效的激励。本研究将在国有企业分类的视角下,采用国有企业的相关上市数据,应用计量学中的量化方法分别对商业类和公益类国有企业的高管薪酬问题进行研究,进而提出分类化设计的薪酬激励思路,为国有企业高管薪酬改革提供参考。以往学者的研究主要是从理论分析角度对分类化的高管薪酬制度进行研究,并未从定量分析的角度进行检验,这也是本研究的创新之处。

5.2 研究设计

5.2.1 样本选取与数据来源

本研究以2010—2014年共5年的上市国有企业面板数据为研究样本。上市国有企业在公司年报中提供了国有企业高管的薪酬数据和其他研究数据,保证了本研究数据来源的客观性。研究过程中使用到国有企业高管薪酬的相关数据来源于国泰安数据库(CRMAR)的财务数据库和公司治理结构数据库。按照不同国有企业的主营业务的不同,可以将国有企业样本分为商业类国有企业样本和公益类国有企业样本两大类。通过剔除相关变量不全的样本数据、ST 和 ST* 企业、金融类企业、创业板的以及薪酬数据为 0 的无效数据后,最终采集到 2010—2014 年上市国有企业样本 5 128 个。其中,商业类国有企业样本有 4 370 个,公益类国有企业样本有 758 个。本研究将通过对该样本的分析来判断分类视角下国有企业高管薪酬制度设计的问题。

5.2.2 变量设计及说明

本研究选择的被解释变量为净资产收益率(ROE)和托宾 Q 值(TQ1)。其中,净资产收益率可以反映企业对股东所投入资本的盈利能力[121]。托宾 Q 值可以衡量企业资产的市场价值是否存在被高估或低估的问题,这一指标代表了国有企业的市场价值和基本成长情况。在稳健性检验部分用 TQ2、TQ3 和 TQ4 代替 ROE 和 TQ1 进行相应的检验①。其中托宾 Q 值的计算公式如下:

$$托宾 Q 值 1 = 市值 A / 资产总计$$

$$托宾 Q 值 2 = 市值 A / (资产总计 - 无形资产净额 - 商誉净额)$$

$$托宾 Q 值 3 = 市值 B / 资产总计$$

$$托宾 Q 值 4 = 市值 B / (资产总计 - 无形资产净额 - 商誉净额)$$

解释变量为国有企业高管薪酬。本研究以国有企业前三名高管薪酬的对数作为衡量国有企业高管薪酬的指标。在稳健性检验部分用董事、监事和前三名高管的薪酬平均数的对数替换前三名高管薪酬的对数进行相应的检验。根据之前学者对绩效影响因素的研究经验和判断,本研究主要选择的控制变量包括:国有股本比例、独立董事比例、股权集中度、两职合一、董事会会议次数、公司规模和年份虚拟变量。研究中各个变量定义和计算方法如表 5.1 所示。

---

① 国泰安数据库中不同的托宾 Q 值计算有差异性,四种计算办法可以分别得出四种托宾 Q 值,在这里分别记为 TQ1、TQ2、TQ3 和 TQ4。一个区别在于分子市值上的选择差异;另一个区别在于分母上是否把无形资产和商誉计入。

表 5.1　各变量定义及计算方法

变量类型	变量名称	符号代码	变量定义
被解释变量	净资产收益率	ROE	净资产收益率 = 净利润/股东权益合计
	托宾 Q 值	TQ1	托宾 Q 值 = 公司市值/资产总计
解释变量	国有企业高管薪酬	lnsalary	前三名高管薪酬的均值取对数
控制变量	国有股本比例	staration	国有股本比例 = 国有股数/总股本
	独立董事比例	Indr	独立董事比例 = 独董数量/董事数量
	股权集中度	top10	企业持股前 10 名股东的持股比例之和
	两职合一	duality	董事长和总经理是否两职兼任
	董事会议次数	meeting	董事会每年召开的董事会次数
	公司规模	lnasset	公司资产总值取对数
	年份	year	年份虚拟变量

5.2.3　模型构建

实证分析的主要研究按照商业类和公益类对我国国有企业分类后，两类国有企业中高管薪酬制度激励效果是否存在一定的差异性。因此，多元回归模型设计如下：

$$Performance = \alpha_0 + \beta_1 \text{lnsalary}_{it} + \beta_3 \text{staration}_{it} + \beta_4 i_{it} + \beta_5 t10_{it} + \beta_6 d_{it} + \beta_7 m_{it} + \beta_8 l_{it} + \sum y + \varepsilon_{it}$$

其中，Performance（绩效）用净资产收益率（ROE）和托宾 Q 值（TQ1）这两个指标代替。模型中的常数项是 α_0，各变量的回归系数为 β_i（$i = 1 \sim 8$），随即误差项为 ε_{it}。

5.2.4　变量的统计性描述

模型中使用到各主要变量的描述性统计结果如表 5.2 所示。全部样本中的净资产收益率（ROE）最小值为 -1.031，最大值为 0.640。说明不同国有企业的盈利能力有高有低，甚至还有处于亏损中的企业。托宾 Q 值在各个国有企业中呈现出较大的差异性，说明不同国有企业的市场价值和企业成长状况方面差距还是比较明显的。例如，属于公益类国有企业的环境卫生类企业投资成本高，而营利性并不高。而商业类国有企业中的信息技术服务业市场竞争力更强，拥有相对较高的市场价值和较快的企业增值速度。因此，不同国有企业的绩效指标表现出一定的差异性。高管薪酬在不同国有企业中的差异并不明显。数据显示高管薪酬的均值为 12.96，最小值为 9.863，最大值为 15.59。这说明上市国有企业中高管薪酬普遍较高，与之前国有企业高管薪酬的现状分析的判断相一致。独立董事比例的均值为 0.367，高于证监会要求的 0.333（1/3），说明大多数国有企业都按要求设置了独立董事。股权集中度的均值为 56.26，但是整体差异较大。股权集中度最低的国有企业中该比例仅有 12.22，而股权集中度最高的国有企业该比例高达 98.16。除此之外，各个国有企业在董事会召开和公司资产总值上也呈现出差异性的分布。

将分类样本中公益类国有企业和商业类国有企业的各变量进行对比后可以进一步发现：公益类国有企业的净资产收益率为 0.085，高于商业类国有企业的净资产收益率均值 0.056。主要原因是公益企业中还包括具有一定垄断性质的公益型企业，如铁路运输就是具有垄断性性质的国有企业。这类企业凭借一定的行业垄断优势使其盈利能力高于商业类国有企业。同时，公益国有企业托宾 Q 值也高于商业类国有企业，并且在公益企业中差异性要更大一些，说明公益类国有企业中的成长差距更为明显，如教育类公益企业的成长要远低于具有垄断性质的资源型公益类国有企业。从公益类国有企业高管薪酬和商业类国有企业高管薪酬的均值来，公益类国有企业的均值略高于商业类国有企业，但两类企业差距很小。公益类国有企业的国有股本比例要高于商业类国有企业，主要原因在于公益类国有企业国家需要对其进行控制，来保证民生的需求和公共产品的供给。而商业类国有企业更强调其市场竞争性，会通过混合所有制的推行提高其竞争力，国有控股比例没有公益类国有企业高。

表 5.2　模型中使用到各主要变量描述性统计结果

变量	全部样本（$N=5128$）				公益类国有企业（$N=758$）		商业类国有企业（$N=4370$）	
	均值	标准差	最小值	最大值	均值	标准差	均值	标准差
ROE	0.060	0.169	−1.031	0.640	0.085	0.111	0.056	0.176
TQ1	1.639	1.925	0.083	35.150	1.868	2.512	1.599	1.801
lnsalary	12.960	0.725	9.863	15.590	13.100	0.618	12.930	0.739
staration	0.133	0.213	0.030	0.922	0.205	0.252	0.120	0.203
Indr	0.367	0.057	0.091	0.800	0.362	0.050	0.368	0.058
top10	56.260	16.490	12.220	98.160	62.430	15.750	55.190	16.380
duality	0.097	0.296	0.000	1.000	0.059	0.236	0.104	0.305
meeting	9.131	3.982	2.000	57.000	9.249	4.335	9.111	3.918
lnasset	22.390	1.368	19.520	26.430	22.420	1.356	22.390	1.370

5.3　估计结果及分析

5.3.1　基本估计结果

全样本估计结果如表 5.3 所示。从表 5.3 中的估计结果来看，国有企业高管薪酬对净资产收益率（ROE）和托宾 Q 值都是显性正相关的，这说明国有企业高管薪酬对国有企业的盈利能力和企业成长有明显的促进性。同时意味着高管薪酬制度会对国有企业高管形成一定的激励，有助于国有企业绩效的提升。股权集中度与净资产收益率和托宾 Q 值也都是显性正相关的，说明国有企业整体发展比较稳定的情况下会有利于企业自身的盈利和发展。董事会召开的次数与托宾 Q 值是显性正相关的，说明董事会通过会议讨论做出的战略决策会促进国有企业的成长。企业资产与净资产收益率和托宾 Q 值都是显性负相关的，说明目前国有企业的资产增值性不高，未能有效促进国有企业市场价值的上涨并阻碍了国有企业盈利能力的进一步提升。独立董事比例与托宾 Q 值是显性正相关的，说明独立董事的增加较好地保护了股东利益，促进了国有企业安全稳定地发展。

表 5.3 全样本估计结果

分类样本	净资产收益率（ROE）	托宾 Q 值
高管薪酬（对数）	0.058③ (5.484)	0.222② (2.486)
国有股比例	-0.010 (-0.689)	0.145 (1.102)
独立董事占比	-0.089 (-1.052)	1.294② (2.049)
股权集中度	0.003③ (5.575)	0.018③ (3.126)
两职合一	0.008 (0.479)	0.119 (0.930)
董事会次数	0.000 (0.401)	0.012③ (2.909)
企业规模	-0.034① (-1.921)	-1.541③ (-7.521)
年份虚拟变量	控制	控制
样本量	5128	5128
组内 R2	0.033	0.274

注：①②③分别表示在 10%、5% 和 1% 水平下显著；括号中数字为稳健标准误差下的 t 值

5.3.2 子样本估计结果

商业类国有企业和公益类国有企业两个子样本的估计如表 5.4 所示。从表 5.4 中结果可以看出，商业类国有企业中，国有企业高管薪酬与净资产收益率和托宾 Q 值都是显性正相关的。这说明商业类国有企业高管的薪酬水平与绩效结合程度高。而公益类国有企业高管薪酬与该类企业绩效并不显著。主要原因就在于以下两个方面。①商业类国有企业的经营目标明确，重视追求企业经济效益，高

表 5.4 商业类国有企业和公益类国有企业两个子样本的估计

分类样本	公益类国有企业		商业类国有企业	
	ROE	TQ1	ROE	TQ1
高管薪酬（对数）	0.021	0.018	0.063③	0.249③
	(1.356)	(0.071)	(5.436)	(2.629)
国有股比例/%	-0.008	0.219	-0.007	0.157
	(-0.385)	(1.154)	(-0.369)	(1.009)
独立董事占比/%	0.036	1.653	-0.096	1.272①
	(0.473)	(1.407)	(-1.001)	(1.826)
股权集中度	0.002②	0.036③	0.003③	0.014②
	(2.187)	(3.095)	(5.178)	(2.180)
两职合一	0.058	0.008	0.003	0.133
	(1.450)	(0.055)	(0.169)	(0.940)
董事会次数	0.001	0.013①	0.000	0.012③
	(1.187)	(1.708)	(0.110)	(2.582)
企业规模	-0.080	-1.377③	-0.026	-1.578③
	(-1.607)	(-6.330)	(-1.436)	(-6.685)
年份虚拟变量	控制	控制	控制	控制
样本量	758	758	4370	4370
组内 R2	0.052	0.199	0.037	0.295

注：①②③分别表示在 10%、5% 和 1% 水平下显著；括号中数字为稳健标准误差下的 t 值

管薪酬的考核与经营业务相结合且容易量化。而公益类国有企业主要是提供公共产品和服务，重视追求社会效益，高管薪酬的考核周期长也难以量化。②商业类国有企业的市场化程度普遍高于公益类国有企业的市场化程度，竞争也更为激烈，商业类国有企业为了获取优秀人才会更加重视薪酬对高管的激励。而公益类国有企业所处的市场环境相对竞争压力小一些，所以对于国有企业高管薪酬的激励性不够重视。因此，通过子样本的回归分析可以看到商业类国有企业高管薪酬的激励性比公益类国有企业更为有效，促进了商业类国有企业盈利水平的提升

和企业长期的发展。

在商业类国有企业中独立董事的比例对该类企业的成长起到了正向作用，说明独立董事的增加有助于商业类国有企业对所面临的经营问题做出更为专业和准确的判断，从而促进了商业类国有企业的快速发展。而公益类国有企业当中的独立董事比例与企业绩效并不显著，这主要是因为公益类国有企业更多是受到政府的控制，独立董事的判断对公益型国有企业的发展促进作用不明显。在股权集中度方面，两类企业的发展都是正向显著作用，公益类国有企业股权集中度在对企业成长的促进上要高于商业类企业。这也从另一个角度说明，公益类国有企业的发展更强调企业的稳定性，这样才能确保各类公共产品和服务的持续提供，以及基本民生的保障。商业类和公益类国有企业净资产收益率与托宾Q值都是显性负相关的，但是商业类国有企业相对于公益企业受到来自资产增值性不高的影响更大一些。

5.4 稳健性检验

为了确保本研究结论的可靠性，这里对回归结果进行了相关的稳健性检验，使用两种不同的方式对研究结果进行稳健性检验。第一种方式是通过重新界定高管薪酬的方式，采用"董事、监事和前三名高管薪酬的均值"作为"前三名高管薪酬"的代替变量进行稳健性检验；第二种方式是用"TQ2、TQ3和TQ4"代替ROE和TQ1表示企业绩效进行稳健性检验。

5.4.1 重新界定高管薪酬变量的稳健性检验

用"董事、监事和前三名高管薪酬的均值"作为"前三名高管薪酬"的代替变量，重复前面的实证步骤，得到稳健性检验的结果（表5.5）。由表5.5可以看出，重新界定高管薪酬在全体样本中与国有企业绩效显性正向关。在分类样本中，重新界定的高管薪酬只和商业类国有企业的绩效相关，对于公益类国有企业并没有起到显著有效的激励作用。因此，稳健性检验得出的结果与之前论证的结果一致,即国有企业分类的情况下,薪酬对于商业类国有企业的激励效果更为显著。

表5.5 稳健性检验之一:重新界定高管薪酬变量

分类样本	全部样本		公益类国有企业		商业类国有企业	
	ROE	TQ1	ROE	TQ1	ROE	TQ1
高管薪酬(对数)	0.063[3]	0.243[2]	0.021	0.068	0.069[3]	0.265[3]
	(5.650)	(2.577)	(1.320)	(0.301)	(5.602)	(2.611)
国有股比例/%	−0.010	0.146	−0.008	0.219	−0.006	0.159
	(−0.657)	(1.117)	(−0.373)	(1.153)	(−0.347)	(1.021)
独立董事占比/%	−0.085	1.308[2]	0.039	1.667	−0.093	1.284[1]
	(−1.017)	(2.065)	(0.517)	(1.412)	(−0.978)	(1.840)
股权集中度	0.003[3]	0.018[3]	0.002[2]	0.035[3]	0.003[3]	0.014[2]
	(5.524)	(3.128)	(2.142)	(3.085)	(5.173)	(2.203)
两职合一	0.011	0.130	0.058	0.004	0.007	0.147
	(0.651)	(1.012)	(1.453)	(0.028)	(0.368)	(1.024)
董事会次数	0.000	0.012[3]	0.001	0.013[1]	0.000	0.012[2]
	(0.414)	(2.910)	(1.235)	(1.775)	(0.105)	(2.565)
企业规模	−0.035[2]	−1.546[3]	−0.080	−1.390[3]	−0.027	−1.581[3]
	(−1.973)	(−7.458)	(−1.632)	(−6.189)	(−1.489)	(−6.636)
年份虚拟变量	控制	控制	控制	控制	控制	控制
样本量	5127	5127	758	758	4369	4369
组内R2	0.034	0.275	0.052	0.199	0.038	0.295

注:[1][2][3]分别表示在10%、5%和1%水平下显著;括号中数字为稳健标准误差下的 t 值

5.4.2 基于托宾Q值的稳定性检验

用TQ2、TQ3和TQ4代替ROE和TQ1表示企业绩效,重复前面的实证步骤,得到稳健性检验的结果(表5.6)。由表5.6可以看出,高管薪酬在全体样本中与代表国有企业绩效的指标TQ2、TQ3和TQ4都表现出显性正向关的关系。在分

类样本中，高管薪酬仍然仅与商业类国有企业的绩效指标 TQ2、TQ3 和 TQ4 显著相关，与公益类国有企业不相关。因此，使用企业绩效替代变量进行的稳健性检验所得出的结果与之前论证的结果一致，即国有企业分类的情况下，薪酬制度的有效性存在显著差异，其中商业类国有企业高管的薪酬激励更为有效。

表 5.6 稳健性检验之二：使用国有企业绩效替代变量

分类样本	全部样本			公益类国有企业			商业类国有企业		
	TQ2	TQ3	TQ4	TQ2	TQ3	TQ4	TQ2	TQ3	TQ4
高管薪酬（对数）	0.233[②] (2.452)	0.187[②] (2.070)	0.195[②] (2.019)	0.158 (0.536)	-0.028 (-0.113)	0.147 (0.498)	0.244[②] (2.424)	0.216[②] (2.241)	0.202[②] (1.977)
国有股比例/%	0.234 (1.560)	0.101 (0.767)	0.197 (1.298)	0.409 (1.274)	0.216 (1.077)	0.423 (1.221)	0.212 (1.255)	0.107 (0.685)	0.166 (0.983)
独立董事占比/%	1.467[②] (2.192)	1.204[①] (1.905)	1.351[②] (2.012)	1.698 (1.290)	1.633 (1.412)	1.705 (1.300)	1.435[①] (1.948)	1.175[①] (1.680)	1.305[①] (1.763)
股权集中度10	0.019[③] (3.001)	0.016[③] (2.650)	0.017[③] (2.517)	0.033[③] (2.654)	0.039[③] (3.092)	0.034[②] (2.515)	0.017[②] (2.279)	0.011 (1.631)	0.013[①] (1.773)
两职合一	0.125 (0.896)	0.167 (1.250)	0.169 (1.161)	-0.100 (-0.445)	0.437 (1.473)	0.289 (0.812)	0.146 (0.950)	0.134 (0.926)	0.146 (0.930)
董事会次数	0.014[③] (2.957)	0.012[③] (3.063)	0.014[③] (3.044)	0.011 (0.770)	0.011 (1.414)	0.009 (0.585)	0.014[③] (2.952)	0.013[③] (2.821)	0.016[③] (3.206)
企业规模	-1.688[③] (-7.836)	-1.546[③] (-7.357)	-1.685[③] (-7.691)	-1.600[③] (-5.502)	-1.774[③] (-5.313)	-1.971[③] (-5.171)	-1.714[③] (-6.967)	-1.515[③] (-6.401)	-1.648[③] (-6.705)
年份虚拟变量	控制	控制	控制	控制	控制	控制	控制	控制	控制
样本量	5128	5128	5128	758	758	758	4370	4370	4370
组内 R2	0.256	0.262	0.243	0.186	0.206	0.186	0.276	0.284	0.264

注：①②③分别表示在10%、5%和1%水平下显著；括号中数字为稳健标准误差下的 t 值

5.5 小结

本章在国有企业分类的视角下，分别对商业类和公益类国有企业的高管薪酬问题进行研究。研究中使用 2010—2014 年上市国有企业高管薪酬的样本数据，

通过回归分析验证了在国有企业分类的情况下，商业类国有企业高管薪酬制度和公益类国有企业高管薪酬制度的有效性存在差异。全样本的估计结果来看，国有企业高管薪酬对净资产收益率（ROE）和托宾 Q 值都是显性正相关的，这说明国有企业高管薪酬的激励对国有企业的盈利能力和企业成长有明显的促进性。商业类和公益类国有企业两个子样本的估计结果来看，商业类国有企业高管薪酬与净资产收益率和托宾 Q 值都是显性正相关的，而公益类国有企业高管薪酬与国有企业绩效并不显著。研究过程中还发现独立董事的比例、股权集中度、企业规模对两类国有企业经营绩效的影响也存在差异。为了确保本研究结论的可靠性，使用两种不同的方式对研究结果进行稳健性检验。稳健性检验得出的结果与之前论证的结果一致，即国有企业分类的情况下，薪酬对于商业类国有企业的激励效果更为显著。

实证研究结果表明：在国有企业分类的视角下，商业类国有企业薪酬制度的激励效果要好于公益类国有企业高管薪酬的激励效果。目前，在我国国有企业分类改革的大背景下，商业类和公益类国有企业有着各自不同的功能定位和经营目标。国有企业高管薪酬制度也需要针对国有企业的类型进行设计，才能更好地提高不同类型国有企业高管薪酬的有效性和激励性，促进高管的业绩提升和国有企业的不断发展。分类视角下国有企业高管薪酬制度设计具体思路如下。

第一，商业类国有企业高管薪酬制度的设计思路

商业类国有企业按照其主营业务可以分为主业属于充分竞争的商业类国有企业和主业处于国家关键领域的商业类国有企业。

大部分商业类国有企业所涉及的行业市场竞争比较激烈，也是大量非国有企业和外资企业存在的领域。商业类国有企业所在的制造业、零售业、房地产业、旅游业等行业的市场竞争机制都已经较为完善。行业之间的竞争会留下优秀且高效率的商业类国有企业，同时也会淘汰不适应市场发展且低效率的亏损商业类国有企业。因此，对于商业类国有企业最主要的目标是要盈利并提升国有经济的活力，为国家创造更高的利润。充分竞争行业中的商业类国有企业主要以营利为目的，实现国有资本的保值增值，为国家和人民创造更多的利润。因此，商业类国有企业高管薪酬激励主要考虑因素就是以国有企业的盈利为标准，这样才能让国

有企业高管在管理过程中更加关注企业盈利的各种指标，将经营目标更加集中化。但是，在制定商业国有企业高管薪酬考核标准的时候，除了考虑短期经营绩效指标之外，还应该加入长期的薪酬激励。因为，短期的利润指标相对容易达成，国有企业高管为了获得较高的回报会采取一些短式的经营手段。商业类国有企业高管薪酬可以采取市场化的激励薪酬方式，如"利润分红权"和"股票期权"的使用。这种长期薪酬激励手段有利于减少国有企业高管种种短期不合理的经营行为，提高商业类国有企业在行业中的长期竞争力。同时，它也会带给国有企业高管更好的动力去管理经营所在的商业类国有企业，给商业类国有企业带来更好的发展空间。再者，商业类国有企业高管薪酬还必须考虑行业内同类企业高管薪酬水平，由董事会决定国有企业高管薪酬的制定方案，来确保高管薪酬的外部竞争性。

商业类国有企业除了分布在充分竞争行业之外，还有一部分商业类国有企业处于关系到我国国家安全和国民经济发展的重要行业，如电信、航空、金融等国有企业，这类商业类国有企业所处的行业中竞争激励程度没有上一类商业类国有企业高。但是，这类商业类国有企业都承担着国家重大和特殊的任务，政府对于这类企业还是需要保持一定的控制权来引导企业的发展方向。因此，这类国有企业的经营目标除了盈利之外，还必须考虑国家的安全和特殊任务完成等方面。对应的高管薪酬制度应该是多维度指标考核，才能使国有企业高管在工作中更好地完成该类商业国有企业的经营目标，并实现对国有企业高管的有效激励。

第二，公益类国有企业高管薪酬制度的设计思路

公益类国有企业相对于商业类国有企业而言，在经营目标上有极大的差异性，更强调社会效益而不是企业的经济效益。公益类国有企业主要是以服务社会、提供各种公共产品和服务为主要目标的企业。公共交通、基础教育、卫生和环境保护等公益类国有企业所提供的产品具有非竞争性，而且盈利性不高，其他私营企业进入该领域提供产品和服务意愿不强。所以在公益类国有企业的行业内部竞争程度较低。商业类和公益类国有企业高管薪酬激励的实证研究结果表明，现行的公益类国有企业高管薪酬制度的激励效果较差。主要原因在于公益类国有企业是以社会效益的增加为主要目的的，对公益类国有企业高管薪酬激励应该是以

公共产品的提供质量和公共服务的保障程度进行考核设计的。此外，属于公益类的国有企业所在的行业具有一定的垄断性，市场竞争不是非常激烈。公益类国有企业的业绩很大程度上是来源于垄断优势而不是高管个人的努力，因此，在对公益类国有企业高管薪酬激励的时候，要慎重使用市场化的薪酬激励手段。公益类国国有企业绩考核的评价也不仅是来源于企业自身对高管的考核，还应该引入社会第三方的评价，才能更为真实客观地反映公益类国有企业高管的经营业绩。公共产品和商业类产品最大的区别就是，消费者对公共产品的选择性小，更多的是一种被动的接受。通过社会评价，可以让社会群体表达对公共产品和公共服务质量的一种反馈信息，有助于公益类国有企业提高产品和服务的质量，促进公益类国有企业的发展。

由于公益类国有企业与商业类国有企业在产品和服务的提供上有很大不同，两类国有企业所处的市场竞争环境也不同，所以公益类国有企业高管薪酬制度需要从公共产品质量、公共服务的保障、成本控制和外部公众满意等多方面进行考虑和设计，才能针对性地发挥对公益类国有企业高管的激励作用。

第三，完善国有企业高管薪酬的监管和评估

无论是商业类国有企业还是公益类国有企业，都应该逐步完善对国有企业高管薪酬的监管。对于商业类国有企业而言，政府和企业内部的董事会应该是该类企业高管薪酬主要的监管和评估主体。通过政府部门和董事会的监管可以判断商业类国有企业高管主要经营业绩的完成情况，避免国有企业高管在经营决策中的各种违规行为。同时，可以成立薪酬委员会对国有企业高管薪酬制度实施和评价进行专业的判断。商业类国有企业高管薪酬需要具有一定的竞争性，因此，商业类国有企业高管的薪酬需要参照市场标准，通过董事会的审核后进行有效的激励。对于公益类国有企业高管薪酬而言，除了政府和董事会的监管和评估之外，还需要考虑社会公众的评价。但是，目前我国国有企业高管薪酬信息的公开程度还不够，要想让外部公众对公益类国有企业高管薪酬进行客观的监管。首先需要去完善我国国有企业高管信息的披露机制；然后通过加大国有企业高管薪酬信息的透明度，可以使政府、企业和公众更好地监督国有企业高管薪酬制度的有效性，同时也减少了国有企业高管薪酬的监控成本。

第6章

分层视角下国有企业高管薪酬制度实证研究

6.1 引言

计划经济时代,国有企业归政府直接管理,国有企业高管的身份很明确就是国家干部,同政府官员一样享有行政待遇。1999年,国有企业改革过程中,国家为了实现政企分开,明确提出国有企业领导干部不再享受相应的行政级别。这一时期国有企业高管的政治身份被隐形化,而与此同时国有企业高管仍然来自政府任命。国有企业高管的身份在"高管"和"高官"之间可以互换,兼有高管和高官的双重特征。国有企业高管身份的双重性使得他们同时享有政府官员的行政地位和市场化的薪酬水平。国有企业高管的身份往往体现出政府官员的一面,如利用手中的行政特权一定程度上规避了相关的监督和约束。国有企业高管更多地将在国有企业的管理工作背景视为升迁的资本,更看重上级政府对企业评价,而忽视了作为国有企业经营者的责任,没有成为真正地企业家。国有企业高管身份的模糊性使得国有企业高管薪酬与企业实际业绩结合不够紧密,导致国有企业经营效率不高的同时还承担了高额的代理成本。

魏刚(2000)的研究显示部分国有上市企业高管属于国家干部,不在国有企业领取报酬,导致国有企业高管收入和工作付出所产生的企业业绩不匹配,影响了对国有企业高管的激励效果。王红领(2006)提出在国有企业高管身份政府化的情况下,高管薪酬与国有企业业绩保持对称性的可行性极低[122]。黄再胜

(2009)提出国有企业高管身份的模糊性使得难以确定其保留收入，为政府对高管的薪酬管制提供了条件[123]。黄再胜（2011）研究表明在转型期国有企业高管"亦官亦商"身份的博弈对国有企业高管薪酬激励制度造成了影响，削弱了国有企业的竞争力[124]。刘青松等（2015）从国有企业高管双重身份的视角，研究高管在薪酬激励和晋升激励下的行为差异。结果显示国有企业高管的薪酬激励有利于业绩指标的完成，晋升激励有利于非经济指标的完成[125]。由以上学者的研究可以看出，国有企业高管身份不清晰的问题对国有企业高管薪酬的激励产生了一定的影响。

2015年，中共中央、国务院《关于深化国有企业改革的指导意见》中提出要对国有企业高管进行分类分层的管理。高明华等（2014）的研究表明国有企业负责人监督机制需要分类和分层，其中"分层"是指同一个国有企业内，根据国有企业高管来源和职责的不同进行区分。本研究将在国有企业高管身份分层的视角下，把国有企业的高管区分为"有政府背景"和"无政府背景"的两类国有企业高管人员。其中有政府背景的国有企业高管可以代表国有企业高管身份的双重性，即同时兼有"高管"和"高官"的特征。无政府背景的国有企业高管可以代表市场选任的管理者，即职业经理人。本研究采用国泰安特征数据库中国有企业高管的相关信息，应用计量学的量化方法分别对有政府背景的国有企业高管和市场选任的职业经理人的薪酬激励性进行分析。实证分析通过研究不同身份来源国有企业高管薪酬的激励差异性来判断国有企业高管薪酬制度的问题，为国有企业高管薪酬差异化改革提供经验性证据和支持。

6.2 研究设计

6.2.1 样本选取与数据来源

本研究以2010—2014年共5年的上市国有企业高管个人特征的面板数据为研究样本。研究过程中使用到国有企业高管薪酬的相关数据来源于国泰安数据库（CRMAR）的人物特征数据库、财务数据库和公司治理结构数据库。按照国有企业高管的政治背景,可以将国有企业高管薪酬样本分为有政府背景的国有企业高管样本和无政府背景的国有企业高管样本两类。通过剔除相关变量不全的样本数据、ST 和 ST* 企业、金融类企业、创业板的,以及薪酬数据为 0 的无效数据后,最终采集到 2010—2014 年上市国有企业中无政府背景的高管数据样本 18 942 个,有政府背景高管数据样本 1 100 个,总样本共计 20 042 个。本研究将通过对该样本的分析来判断分层视角下国有企业高管薪酬制度设计的问题。

6.2.2 变量设计及说明

本研究选择的解释变量为净资产收益率(ROE)和总资产收益率(ROA)。其中,净资产收益率可以反映企业对股东所投入资本的盈利能力。总资产收益率可以衡量单位资产为企业创造的净利润,代表了一家企业的盈利能力和该企业整体的竞争能力。在稳健性检验部分用 TQ1、TQ2、TQ3、TQ4 代替净资产收益率和总资产收益率进行相应的检验。

解释变量为国有企业高管薪酬,研究以国有企业前三名高管薪酬的对数(Inexecsalary)作为衡量国有企业高管薪酬衡量的指标。在稳健性检验部分使用 CEO 和 CFO 样本中高管薪酬平均数的对数替换前三名所有高管薪酬的对数进行相应的检验。

根据之前学者对绩效影响因素的研究经验和判断,本研究主要使用到的控制变量有:国有股本比例、独立董事比例、股权集中度、两职合一、董事会会议次数、公司规模、省份虚拟变量、行业虚拟变量和年份虚拟变量。各个变量的定义和计算方法如表 6.1 所示。

表 6.1 各个变量的定义和计算方法

变量类型	变量名称	符号代码	变量定义
被解释变量	净资产收益率 总资产收益率	ROE ROA	净资产收益率=净利润/股东权益合计 资产收益率=净利润/资产总计
解释变量	国有企业高管薪酬	lnsalary	前三名高管薪酬的均值取对数

续表

变量类型	变量名称	符号代码	变量定义
控制变量	国有股本比例	staration	国有股本比例=国有股数/总股本
	独立董事比例	Indr	独立董事比例=独董数量/董事数量
	股权集中度	top10	企业持股前十名股东的持股比例之和
	两职合一	duality	董事长和总经理是否两职兼任
	董事会议次数	meeting	董事会每年召开的董事次数
	公司规模	lnasset	公司资产总值取对数
	省份	province	省份虚拟变量
	行业	industry	行业虚拟变量
	年份	year	年份虚拟变量

6.2.3 模型构建

实证分析旨在探索研究有政府背景的国有企业高管和无政府背景的国有企业高管薪酬激励效果是否存在一定的差异性。因此，多元回归模型设计如下：

$$Performance = \alpha_0 + \beta_1 lnexecsalary_{it} + \beta_3 staration_{it} + \beta_4 i_{it} + \beta_5 t_{10it} + \beta_6 d_{it} + \beta_7 m_{it} + \beta_8 l_{it} + \sum p_{it} + \sum i_{it} + \sum y + \varepsilon_{it}$$

回归模型当中，Performance（绩效）用净资产收益率（ROE）和总资产收益率（ROA）这两个指标代替。回归模型当中，常数项是 α_0，各变量的回归系数为 β_i（$i=1\sim8$），随即误差项为 ε_{it}。

6.2.4 变量的统计性描述

模型中各主要变量的描述性统计结果如表 6.2 所示。全部样本中的净资产收益率（ROE）和总资产收益率（ROA）最小值为均为负值，其中净资产收益率最大值为 0.441，总资产收益率最大值为 0.217。这说明不同国有企业具有的盈利能力有高有低，有些国有企业还有处于亏损状态。国有企业高管薪酬在不同国有企业中的差异不明显，均值为 12.65，最小值 6.802，最大值 16.12，说明上市国有企业中高管薪酬普遍较高，这与分类视角下国有企业高管薪酬的现状分析判断相一致。独立董事比例的均值为 0.367，高于证监会要求的 0.333（1/3）的比例，说明大多数国有企业都已经按要求设置了独立董事。股权集中度的均值为

56.62，但是整体差异较大，股权集中度最低的国有企业中该比例仅有15.1，而股权集中度最高的国有企业该比例高达98.16。各个国有企业在董事会召开上也有较大差异，召开董事会最多的次数为57次，董事会召开次数最少的仅有2次。国有企业公司资产总值上也呈现出差异性的分布。

表6.2 模型中主要变量描述性统计结果

变量	全部样本（N = 20 042）				无政府背景（N = 18 942）		有政府背景（N = 1 100）	
	均值	标准差	最小值	最大值	均值	标准差	均值	标准差
ROE	0.063	0.139	-0.698	0.441	0.062	0.140	0.076	0.129
ROA	0.032	0.056	-0.200	0.217	0.032	0.056	0.039	0.052
Inexecsalary	12.650	0.847	6.802	16.120	12.640	0.840	12.870	0.899
staration	0.144	0.214	0.000	0.922	0.143	0.212	0.162	0.232
Indr	0.367	0.055	0.091	0.667	0.366	0.055	0.369	0.058
top10	55.620	16.210	15.100	98.160	55.500	16.190	57.580	16.350
duality	0.109	0.311	0.000	1.000	0.106	0.308	0.148	0.355
meeting	9.370	4.241	2.000	57.000	9.336	4.221	9.921	4.575
Inasset	22.360	1.283	19.710	25.830	22.350	1.281	22.530	1.307

将分类样本中有政府背景国有企业高管对应的国有企业和无政府背景国有企业高管所在的国有企业各变量进行对比后可以发现：有政府背景的国有企业高管所在国有企业的净资产收益率为0.076，高于无政府背景国有企业高管所在国有企业的净资产收益率均值0.062。将两种类型的总资产收益率进行比较，有政府背景的国有企业高管所在国有企业为0.039，无政府背景国有企业高管所在国有企业为0.032。这一现象说明有政府背景的国有企业高管对国有企业的盈利能力有一定的影响。主要原因是有政府背景的国有企业高管具有一定行政方面的影响力，可以帮助国有企业在市场竞争中获得一定的来自政府的支持和帮助。从有政府背景国有企业高管薪酬和无政府背景国有企业高管薪酬的均值来，有政府背景国有企业高管的均值12.88，略高于无政府背景的12.64，但这两类身份不同的国有企业高管薪酬差距很小。有政府背景国有企业高管对应的国有企业中国有股

本比例要高于无政府背景国有企业高管对应的国有企业，主要原因是较多有政府背景高管所在的国有企业往往是国家需要重点控制的企业，如石油类资源型国有企业。

6.3 估计结果及分析

6.3.1 基本估计结果

全样本的估计结果如表6.3所示。从表6.3可以看出，在控制住其他变量的影响下，国有企业高管薪酬对净资产收益率和总资产收益率都是显性正相关的。这表明国有企业高管薪酬的激励对国有企业盈利能力有明显的促进性，即国有企业高管薪酬会对企业内的高管形成一定的刺激，增加国有企业高管工作的积极性，从而改善了国有企业绩效水平。国有股本比例与总资产收益率正向线性相关，说明国有股本占比高会有助于国有企业资产盈利能力的提升。独立董事占比与净资产收益率和总资产收益率都是显性负相关的，其中独立董事占比对于总资产收益率的显著性水平更高一些。说明过高的独立董事占比对于国有企业绩效的提升有一定的抑制性。股权集中度与净资产收益率和总资产收益率也都是显性正相关的，说明国有企业稳定的发展有利于逐步增加企业自身的盈利性。两职合一对净资产收益率和总资产收益率都是显性正相关的，说明两职合一对企业绩效的增长是有正向作用的。企业资产与总资产收益率是显性负相关的，说明目前国有企业的资产增值性不高阻碍了国有企业盈利能力的增加。

表6.3 全样本估计结果

分类样本	总资产收益率（ROA）	净资产收益率（ROE）
高管薪酬（对数）	0.021[③] (34.312)	0.042[③] (26.099)
国有股比例/%	0.006[③] (3.564)	0.005 (1.045)

续表

分类样本	总资产收益率（ROA）	净资产收益率（ROE）
独立董事占比/%	-0.016③	-0.028①
	(-2.661)	(-1.658)
股权集中度	0.001③	0.001③
	(25.597)	(19.326)
两职合一	0.003②	0.006①
	(2.111)	(1.887)
董事会次数	-0.001	-0.001
	(-11.306)	(-4.166)
企业规模	-0.002③	0.004
	(-4.419)	(3.724)
省份虚拟变量	控制	控制
行业虚拟变量	控制	控制
年份虚拟变量	控制	控制
样本量	20 115	20 115
调整后 R2	0.188	0.129

注：①②③分别表示在10%、5%和1%水平下显著；括号中数字为稳健标准误差下的 t 值

6.3.2 子样本估计结果

区分国有企业高管政治身份背景的两个子样本的估计如表6.4所示，从表6.4结果来看，无论是有政府背景还是无政府背景的高管所在的国有企业，国有企业高管薪酬与净资产收益率和总资产收益率的值都是显性正相关的。这说明两类身份背景的国有企业高管薪酬水平都与国有企业的经营绩效有着紧密的联系。相对而言，无政府背景的国有企业高管薪酬与总资产收益中率系数（0.021）要略高于有政府背景国有企业高管与总资产收益率系数（0.016）。同样，无政府背景的国有企业高管薪酬与净资产收益率系数（0.042）要略高于有政府背景国有企业高管与净资产收益率系数（0.034）。这可以说明在国有企业的薪酬管理过程中，对于无政府背景国有企业高管的经营绩效与薪酬的联系要高于有政府背景的

国有企业高管。有政府背景的国有企业高管激励除了来自薪酬的激励之外，还能享受到来自政府晋升的隐性激励。因此，通过子样本的回归分析可以看到国有企业的薪酬制度对于无政府背景的职业经理人薪酬激励效果要好于有政府背景国有企业高管的激励效果。

表6.4 区分国有企业高管政治身份背景的两个子样本的估计

分类样本	无政府背景样本		有政府背景样本	
	总资产收益率	净资产收益率	总资产收益率	净资产收益率
高管薪酬（对数）	0.021③	0.042③	0.016③	0.034③
	(33.203)	(25.333)	(7.625)	(5.577)
国有股比例/%	0.006③	0.007	0.004	-0.015
	(3.421)	(1.396)	(0.564)	(-0.771)
独立董事占比/%	-0.021③	-0.036②	-0.049②	-0.085
	(-3.357)	(-2.092)	(-2.065)	(-1.393)
股权集中度	0.001③	0.001③	0.001③	0.002③
	(23.927)	(17.922)	(7.820)	(5.662)
两职合一	0.003①	0.005	0.009②	0.025③
	(1.786)	(1.332)	(2.264)	(2.634)
董事会次数	-0.001	-0.001	-0.001	-0.002
	(-10.714)	(-3.857)	(-2.487)	(-1.910)
企业规模	-0.001③	0.004	-0.003①	0.007
	(-3.896)	(3.692)	(-1.697)	(1.655)
省份虚拟变量	控制	控制	控制	控制
行业虚拟变量	控制	控制	控制	控制
年份虚拟变量	控制	控制	控制	控制
样本量	18 942	18 942	1 100	1 100
调整后 R2	0.185	0.127	0.312	0.227

注：①、②、③分别表示在10%、5%和1%水平下显著；括号中数字为稳健标准误差下的 t 值

国有股本比例与总资产收益率在无政府背景高管对应的国有企业样本中显性正相关，在有政府背景高管对应的国有企业样本中不显著。这说明国有企业稳定的发展对第一类企业的绩效的促进作用更明显。独立董事占比与总资产收益率和净资产收益率在无政府背景高管对应的国有企业样本中负相关，说明过高独立董事的比例会降低这类国有企业的运行效率。无论是有政府背景高管所在的企业还是无政府背景高管所在的企业，其股权集中度与总资产收益率和净资产收益率都是显著正相关的关系，说明国有企业的稳定发展对企业绩效的提升都是有显著影响的，两类企业在这方面不存在差异。两职合一与总资产收益率和净资产收益率在有政府背景高管对应的国有企业样本中表现得更为显著。在无政府背景高管所在的企业样本中，两职合一仅与总资产收益率正相关。企业规模对总资产收益率的负向影响，在无政府背景高管对应的国有企业样本中显著性更强，说明在这类企业的资产增值性不高，没有对企业的绩效起到正向积极的影响。

在区分国有企业高管政治身份背景下，对国有企业类型进行商业类和公益类的划分，得到更进一步的分样本回归估计结果（表6.5）。在无政府背景高管样本中，无论是商业类国有企业还是公益类国有企业高管的薪酬，它们都与总资产收益率和净资产收益率呈现出显性正相关关系。通过对比可以看到，无政府背景商业类国有企业高管薪酬与总资产收益率系数为0.021，要高于无政府背景公益类国有企业高管薪酬与总资产收益率系数为0.017，这说明商业类国有企业薪酬激励在无政府身份背景的高管中更占优势。从高管薪酬与净资产收益率系数的比较上，也可以得出同样的结论。在有政府背景的高管样本中，商业类国有企业的高管薪酬与总资产收益率和净资产收益率都是显著正相关的。但是，公益类国有企业的高管薪酬与总资产收益率和净资产收益率却不存在显著关系。这说明有商业类国有企业薪酬对有政府身份背景的高管激励效果要好于公益类国有企业。综合以上分析，可以得出商业类国有企业中无论是有政府背景还是无政府背景高管的薪酬激励效果都要优于公益类国有企业。这与之前通过对国有企业分类视角下对国有企业高管薪酬激励效果的回归分析得出的结论基本一致。公益类国有企业中无政府背景的国有企业高管薪酬激励效果要好于有政府背景的国有企业高管。

以上分析可以说明，目前的薪酬制度对公益类国有企业高管激励不足，尤其是有政府背景的公益类国有企业高管。

表6.5 子样本估计结果：区分高管政治身份背景和类型归属

分类样本	无政府背景样本				有政府背景样本			
	公益类国有企业总资产收益率	商业类国有企业总资产收益率	公益类国有企业净资产收益率	商业类国有企业净资产收益率	公益类国有企业总资产收益率	商业类国有企业总资产收益率	公益类国有企业净资产收益率	商业类国有企业净资产收益率
高管薪酬（对数）	0.017③ (8.827)	0.021③ (31.588)	0.018③ (4.015)	0.044③ (24.911)	0.013 (1.048)	0.016③ (6.979)	0.004 (0.290)	0.034③ (5.215)
国有股比例/%	0.009① (1.916)	0.005② (2.323)	0.012 (0.963)	0.006 (1.048)	-0.009 (-0.794)	0.000 (0.046)	-0.062 (-3.639)	-0.010 (-0.384)
独立董事占比/%	-0.013 (-0.448)	-0.014② (-2.175)	0.114 (1.863)	-0.036② (-1.966)	-0.281② (-2.443)	0.056② (2.204)	-0.554③ (-3.046)	0.112 (1.631)
股权集中度	0.001③ (9.557)	0.001③ (22.083)	0.000② (2.536)	0.001③ (17.437)	0.001① (1.896)	0.001③ (7.416)	0.000 (0.135)	0.002③ (5.698)
两职合一	0.014③ (4.964)	0.002 (1.065)	0.020③ (3.679)	0.004 (0.946)	0.027① (1.903)	0.006 (1.314)	0.042① (1.719)	0.025② (2.344)
董事会次数	-0.000 (-3.247)	-0.001 (-9.032)	0.000 (0.288)	-0.001 (-3.771)	0.000 (0.156)	-0.001 (-3.073)	0.003 (1.689)	-0.002 (-1.848)
企业规模	-0.006③ (-5.680)	-0.002③ (-3.775)	-0.001 (-0.454)	0.004③ (3.356)	-0.006 (-1.023)	-0.002 (-1.104)	-0.007 (-1.006)	0.008① (1.753)
省份虚拟变量	控制	控制	控制	控制	控制	控制	控制	控制
产业虚拟变量	控制	控制	控制	控制	控制	控制	控制	控制
年份虚拟变量	控制	控制	控制	控制	控制	控制	控制	控制
样本量	1 799	17 143	1 799	17 143	192	908	192	908
调整后R2	0.388	0.175	0.162	0.131	0.500	0.314	0.584	0.243

注：①②③分别表示在10%、5%和1%水平下显著；括号中数字为稳健标准误差下的t值

在无政府背景高管的样本中，公益类和商业类国有企业的国有股比例对总资产都是显著性正相关。商业类国有企业中独立董事所占比例与总资产收益率负相关，说明过高的独立董事比例会限制商业类国有企业的运行效率。两职合一对公益类和商业类国有企业的总资产收益率是正相关关系。公益类国有企业规模对企业绩效的影响都是负向的，说明公益类国有企业中的国有资产增值性不高。而商

业类国有企业规模与净资产收益率呈现出正相关的关系，表明商业类国有企业资产规模的上升带动了企业绩效的提高。在有政府背景高管的样本中，公益类国有企业中独立董事比例对企业绩效有负向的影响，说明在有政府背景高管的公益类国有企业中，独立董事并没有发挥出相应的作用。在商业类国有企业中独立董事比例与总资产收益率成正相关关系。这说明商业类国有企业独立董事的增加有助于商业类国有企业对所面临的经营问题做出更为专业和准确的判断，从而促进了商业类国有企业的快速发展。股权集中度和两职合一与国有企业的绩效在商业类和公益类国有企业中主要都呈现了正相关关系。商业类国有企业规模与净资产收益率呈现出正相关的关系，说明商业类国有企业中资产增值的效果好于公益类国有企业。

6.4 稳健性检验

为了确保本研究结论的可靠性，本章对回归结果进行了相关的稳健性检验，使用两种不同的方式对研究结果进行稳健性检验。第一种方式使用"CEO和CFO样本中高管薪酬平均数的对数"替换前三名高管薪酬的对数进行稳健性检验；第二种方式是用"TQ1、TQ2、TQ3、TQ4"代替净资产收益率（ROE）和总资产收益率（ROA）表示企业绩效进行稳健性检验。

6.4.1 基于CEO和CFO样本的稳定性检验

使用CEO和CFO样本中高管薪酬平均数的对数替换前三名高管薪酬的对数进行相应的检验。重复之前的实证研究步骤，得到稳健性检验的结果（表6.6）。由表6.6可以看出，使用CEO和CFO样本中不同身份背景的国有企业高管薪酬与国有企业的绩效都是显性正相关。在分类样本中，可以看到国有企业的薪酬制度对于无政府背景的高管薪酬激励效果要好于有政府背景国有企业高管的激励效果。因此，稳健性检验得出的结果与之前论证的结果一致。

表 6.6　稳健性检验：仅使用 CEO 和 CFO 样本

分类样本	全部样本		无政府背景样本		有政府背景样本	
	净资产收益率	总资产收益率	净资产收益率	总资产收益率	净资产收益率	总资产收益率
高管薪酬（对数）	0.042[③] (14.169)	0.021[③] (18.144)	0.043[③] (13.497)	0.021[③] (17.202)	0.036[③] (3.768)	0.016[③] (5.606)
国有股比例/%	0.006 (0.644)	0.008[②] (2.308)	0.006 (0.578)	0.006[①] (1.673)	0.029 (1.024)	0.030[③] (2.865)
独立董事占比/%	−0.011 (−0.348)	−0.017 (−1.511)	−0.028 (−0.864)	−0.025[②] (−2.055)	0.257[③] (2.620)	0.113[③] (3.052)
股权集中度	0.001[③] (10.067)	0.001[③] (12.658)	0.001[③] (9.680)	0.001[③] (12.246)	0.001[②] (2.494)	0.001[③] (3.212)
两职合一	0.016[②] (2.478)	0.006[②] (2.266)	0.016[②] (2.133)	0.006[②] (2.054)	0.021 (1.359)	0.006 (0.944)
董事会次数	−0.001 (−1.526)	−0.001 (−4.748)	−0.001 (−1.334)	−0.001 (−4.292)	−0.001 (−0.773)	−0.001 (−1.599)
企业规模	0.003 (1.620)	−0.001 (−1.569)	0.003 (1.475)	−0.001 (−1.530)	0.010 (1.485)	0.002 (1.016)
省份虚拟变量	控制	控制	控制	控制	控制	控制
产业虚拟变量	控制	控制	控制	控制	控制	控制
年份虚拟变量	控制	控制	控制	控制	控制	控制
样本量	5 783	5 783	5 339	5 339	430	430
调整后 R2	0.132	0.187	0.129	0.184	0.297	0.406

注：①②③分别表示在 10%、5%和 1%水平下显著；括号中数字为稳健标准误差下的 t 值

6.4.2　基于托宾 Q 值的稳定性检验

使用 TQ1、TQ2、TQ3、TQ4 代替净资产收益率和总资产收益率进行相应的检验。重复前面的实证研究步骤，得到稳健性检验的结果（表 6.7）。由表 6.7 可以看出，有政府背景和无政府背景的分类样本中，不同身份背景的国有企业高

管薪酬与所在国有企业的绩效都是显性正相关。薪酬对于无政府背景国有企业高管（职业经理人）激励效果略好。因此，使用国有企业绩效替代变量进行的稳健性检验所得出的结果与之前论证的结果一致。

表6.7 稳健性检验：使用托宾Q代替企业绩效变量

分类样本	无政府背景样本				有政府背景样本			
	TQ1	TQ2	TQ3	TQ4	TQ1	TQ2	TQ3	TQ4
高管薪酬（对数）	0.185[3] (9.264)	0.148[3] (4.693)	0.133[3] (6.431)	0.086[3] (2.634)	0.031[2] (0.270)	0.089[2] (0.607)	0.031[2] (0.243)	0.178[2] (1.125)
国有股比例/%	0.228[3] (4.001)	0.241[3] (3.509)	0.169[3] (2.931)	0.145[2] (2.073)	-0.284 (-1.181)	-0.412 (-1.535)	-0.444[1] (-1.749)	-0.675[2] (-2.370)
独立董事占比/%	1.487[3] (5.927)	1.705[3] (6.128)	1.541[3] (5.567)	1.712[3] (5.648)	2.377[2] (2.162)	3.305[2] (2.222)	2.409[1] (1.813)	3.203[1] (1.913)
股权集中度	0.014[3] (17.235)	0.015[3] (16.367)	0.012[3] (13.440)	0.013[3] (13.407)	0.006 (1.130)	0.008 (1.431)	0.002 (0.282)	0.005 (0.788)
两职合一	0.148[3] (3.736)	0.237[3] (3.340)	0.140[3] (3.534)	0.221[3] (3.076)	0.173 (1.618)	0.862 (1.523)	0.106 (0.969)	0.816 (1.415)
董事会次数	-0.002 (-0.767)	-0.001 (-0.324)	0.003 (1.122)	0.003 (0.750)	0.011 (0.866)	-0.007 (-0.244)	0.013 (1.005)	-0.004 (-0.154)
企业规模	-0.707[3] (-40.063)	-0.818[3] (-27.972)	-0.652[3] (-35.724)	-0.759[3] (-24.919)	-0.690[3] (-9.167)	-0.896[3] (-5.864)	-0.651[3] (-7.703)	-0.851[3] (-5.336)
省份虚拟变量	控制	控制	控制	控制	控制	控制	控制	控制
产业虚拟变量	控制	控制	控制	控制	控制	控制	控制	控制
年份虚拟变量	控制	控制	控制	控制	控制	控制	控制	控制
样本量	18 723	18 723	18 723	18 723	1 085	1 085	1 085	1 085
调整后R2	0.268	0.186	0.228	0.162	0.268	0.177	0.224	0.162

注：[1][2][3]分别表示在10%、5%和1%水平下显著；括号中数字为稳健标准误差下的t值

6.5 小结

本章在国有企业高管分层的视角下，分别对有政治背景的国有企业高管和无政治背景的国有企业高管薪酬问题进行研究。研究使用2010—2014年共5年的上市国有企业高管个人特征的面板数据为研究样本。通过回归分析验证了在国有企业高管分层的情况下，有政府背景高管所在国有企业和无政府背景高管所在国

有企业薪酬制度激励效果的差异性。

从全样本的估计结果来看，在控制住其他变量的影响下，国有企业高管薪酬对净资产收益率和总资产收益率都是显性正相关的。这说明国有企业高管薪酬的激励对国有企业盈利能力有明显的促进性。从有政府背景和无政府背景高管所在国有企业两个子样本的估计结果来看，两类身份背景的国有企业高管薪酬水平都与国有企业的经营绩效有着紧密的联系。但是通过具体的相关系数比较后可以看到，国有企业的薪酬制度对于无政府背景的职业经理人薪酬激励效果要好于有政府背景国有企业高管的激励效果，即两类不同身份国有企业高管的薪酬激励效果也存在一定差异。在国有企业高管分层样本基础上，对国有企业类型进行商业类和公益类的划分所得到更进一步的分样本回归估计结果显示：商业类国有企业中无论是有政府背景还是无政府背景高管的薪酬激励效果都要优于公益类国有企业。公益类国有企业中无政府工作背景的国有企业高管薪酬激励效果显著，有政府工作背景的国有企业高管薪酬激励不显著。以上分析可以说明目前的薪酬制度对公益类国有企业高管激励不足，尤其是有政府背景的公益类国有企业高管。为了确保本研究结论的可靠性，本章使用两种不同的方式对研究结果进行稳健性检验。稳健性检验得出的结果与之前论证的结果一致。

实证研究结果显示不同身份背景国有企业高管薪酬的激励存在一定的差异性。其中，国有企业的薪酬制度对于无政府背景的职业经理人薪酬激励效果要好于有政府背景国有企业高管的激励效果。这说明薪酬制度的激励对职业经理人更为有效，对有政府背景的国有企业高管激励性不足。主要原因就在于有政府背景的国有企业高管兼有"高管"和"高官"的双重身份，身份定位不清晰。即国有企业高管身份双重性导致国有高管薪酬制度的激励性不能完全发挥出来。

因此，国有企业高管的薪酬设计首先必须破除有政府背景高管身份的"双重性"问题。政府可以对有政府背景的国有企业做身份的归位。为使这类政府背景高管的身份明晰化，可以将这一群体分为政府任命的行政人员和政府委托的经营人员。有政府背景的高管自己选择其中一个身份进入国有企业从事相关的管理工作。其中，政府任命的行政人员作为国有企业的监管人员，属于政府管理的公务员系列，其薪酬的制定权也应当由政府制定和监控，并参考同级别公务员的薪酬标准。对于政府任命的行政人员除了薪酬的激励之外，更重要的是行政晋升的激励。而政府委托的经营人员作为国有企业的实际经营管理者应当由市场进行选任，以职业经理人的身份进入国有企业，其薪酬激励应该依据按职业经理人市场的规制制定。但是，我国目前职业经理人市场还不完善，所以国家应该培育并完善我国经理人劳动力市场的建设，为国有企业高管薪酬改革提供一种良好的外部市场环境[126]。通过市场选任的职业经理人往往具有较丰富的管理经验，能够灵活应对市场的各种变化，为企业做出正确的经营决策。按照国有企业的分类，进入商业类国有企业的职业经理人将要负责企业重要的生产经营、资产保值增值等多方面的工作。这类国有企业高管的考核指标重点突出职业经理人在经营管理业绩方面。而进入公益类国有企业的高管将承担公共产品和服务的提供，这类国有企业高管的考核指标应该重点强调社会公众目标的完成和公众满意度的提升。同时，为了增强职业经理人长期在国有企业服务的动力，可以采取一定期限的薪酬激励方式将管理人才留在企业当中。

综合考虑国有企业分类和国有企业高管分层的双重因素下，国有企业高管可以分为四种类型：商业类由政府委任的国有企业高管、商业类职业经理人、公益类由政府委任的高管和公益类职业经理人。国有企业高管薪酬也会相应产生四种基本模式：①商业类国有企业由政府委任的国有企业高管，其基本薪酬的设计以同等级别的公务员为参照，晋升激励主要以高管经营任务完成的程度作为参考；②商业类国有企业职业经理人，其基本薪酬设计以市场同行业高管薪酬为参照，激励性的薪酬则按照高管经营任务完成的程度进行相应的奖励；③公益类国有企业由政府委任的高管，其基本薪酬的设计以同等级别的公务员为参照，晋升激励主要以高管社会责任相关任务完成的程度作为参考；④公益类国有企业职业经理人，其基本薪酬设计以市场同行业高管薪酬为参照，激励性的薪酬则按照高管社会责任相关任务完成的程度进行相应的奖励。

第7章 国外国有企业高管薪酬制度的借鉴

7.1 引言

不同国家的国有企业高管薪酬制度都在其经济发展中发挥了各自的功效,带动了各国国有企业的发展。各个国家行之有效的国有企业高管薪酬制度对于管理和激励高管人员也发挥了巨大的作用,这对于我国国有企业高管薪酬制度的设计和改革有着重要的借鉴价值。本章选择了三个典型代表国家的国有企业高管薪酬制度进行比较和分析,分别是美国国有企业高管薪酬制度、日本国有企业高管薪酬制度以及新加坡国有企业高管薪酬制度。选择这三个国家作为代表,主要是考虑到以下原因:美国是世界上最发达和市场化程度最高的国家,其国有企业高管薪酬制度代表了一种市场化国有企业高管薪酬制度发展趋势;日本国有企业高管薪酬制度是一种典型以国家为主导模式的薪酬体系,其国有企业高管薪酬制度受到来自政府的严密监管,这种薪酬模式较好地控制了国有企业高管和普通员工之间的薪酬差距;新加坡作为亚洲地区高管薪酬水平最高的国家,其国有企业高管薪酬制度体现了高管身份差异化的薪酬激励理念,对我国目前进行的国有企业高管薪酬差异化改革有很好的借鉴作用。

7.2 国外国有企业高管薪酬制度的比较

7.2.1 美国国有企业高管薪酬制度

7.2.1.1 美国的国有企业

美国最早产生的国有企业是位于华盛顿的国家博物馆，该馆成立于 19 世纪中叶[127]。1904 年，美国成立了第二个国有企业巴拿马铁路公司，随后又建立了第三个国有企业阿拉斯加铁路公司。但是，此时美国国有铁路公司的性质已经不同于最初的华盛顿国家博物馆，由初始的慈善型企业转向具有一定规模的生产型企业。第一次世界大战和第二次世界大战期间，美国为了解决战争的需要新建了许多国有企业。但是随着战争结束，不少美国国有企业又被政府取消了。1929 年，美国爆发经济危机的时候，为了尽快摆脱萧条经济的影响，美国再一次新建了一批国有企业，其中最有代表性的国有企业就是田纳西山谷管理局。20 世纪 70 年代，为了应对"滞胀"和国有企业运营弊端，美国开始从整体上着手调整国有企业的发展。美国将市场机制引入到国有企业的管理过程中，在国有企业中开始实施公司制改造。这次主要调整了美国国有企业董事会的职能和结构，提高了其自身的独立性，并进一步加强了股东对于国有企业的监管。21 世纪，美国将"竞争招标"的理念引入了国有企业改革中，开启了国有企业的私有化改革，使得美国国有经济水平的比重不断降低。目前，美国国有企业主要涉及的领域有交通、邮政、电力、科研、博物馆、环境保护等行业。美国国有总资产约占全国财富的 20%，产值仅占全国国民生产总值（GDP）的 5%[128]。

美国国有企业又称为"政府企业"，按照美国政府对企业的控制形式可以分为联邦政府企业（Federal Government Corporation）和政府资助企业（Government-Sponsored Enterprises）。联邦政府企业是按照政府所设置的公共目标任务而成立的，政府提供经费并拥有独立法人资格的企业，企业员工工资由联邦政府支付。其中，联邦政府企业又可以进一步分为完全政府所有企业和政府部分所有企业。联邦政府企业主要包括商品信贷公司、田纳西山谷管理局、进出口银行等 17 家企业（表7.1）。而政府资助企业是政府特许后由私人投资建立，并服从政府监管的企业。企业员工工资由政府资助企业自己支付。政府资助企业共有5家，分别是联邦国民抵押贷款协会、联邦住房贷款抵押公司、联邦农业按揭公司、联邦家庭贷款银行系统和农场信贷系统。总体而言，美国与其他西方国家相比较，美国的国有企业数量少，所占的比重较低。但是，在特殊的历史背景和经济条件下，这些美国的国有企业也曾对该国经济的发展起到了重要的作用。

表7.1　美国联邦政府企业

序号	成立时间/年	企业名称
1	1933	商品信贷公司
2	1934	进出口银行
3	1938	联邦作物保险公司
4	1933	联邦存款保险公司
5	1973	联邦融资银行
6	1934	联邦监狱产业公司
7	1987	融资公司
8	1968	政府国民抵押贷款协会（吉利美）
9	1970	国家铁路乘客运输公司
10	1964	海外私人投资公司
11	1974	退休金收益担保公司
12	1996	旧金山要塞信托
13	1989	重组融资公司
14	1954	圣劳伦斯航道发展公司
15	1933	田纳西山谷管理局
16	1971	美国邮政署
17	2000	威列斯火山口信托

资料来源：驻美国经商参处. 美国的"中央国有企业"情况介绍 [EB/OL]. [2014-12-31]. http：//us. mofcom. gov. cn/article/ztdy/201412/20141200855345. shtml##1

7.2.1.2 美国国有企业高管薪酬的发展

7.2.1.2.1 美国薪酬制度的变化

20世纪50年代,美国实施了"工资冻结"的政策,企业开始通过发放福利的形式对员工给与额外的工资补充,并形成了传统的职位薪酬体系。美国传统的薪酬体系由三部分构成,分别是基本工资、激励性工资和福利。当传统职位薪酬体系不能顺应外部市场变化和组织结构扁平化的变化趋势时,以"人"为基础的技能薪酬体系开始在美国得到更多的应用。技能薪酬体系是按照员工所掌握的与工作相关的知识、技术和能力来确定工资的一种薪酬制度,技能薪酬体系中最新的发展趋势是基于胜任力的能力薪酬体系。基于胜任力的能力薪酬体系是指以员工表现出来的胜任力为基准来确定工资的薪酬制度。这种薪酬体系能够更为充分地调动员工的创造性和积极性,不断提高企业员工的综合素质,同时将员工能力与企业的战略相挂钩,帮助企业构建自身的核心竞争力。Ledford 在 1995 年的研究中指出组织的扁平化使得企业内员工通过升职获得加薪的机会不断减少,要留住员工企业必须找到岗位之外的要素来评价员工的价值并给与相应的回报,基于胜任力的能力薪酬体系很好地解决了这个问题[129]。目前,该薪酬体系主要是应用于企业的中高层管理者、知识型员工和技术型员工。

为了把优秀的员工留在企业中,让员工工作绩效与企业发展战略紧密联系,以股票期权为代表的长期激励的薪酬形式在 20 世纪 90 年代的使用达到了高潮。长期激励的薪酬体系主要是指按照较长的考核周期(3~5年)来评价员工的工作业绩,并根据最终目标完成的情况给与相应的奖励方案。长期激励的薪酬体系使得员工形成了一种所有者的意识,有助于企业更好地留住核心员工,从而长期地为企业服务。一种典型的长期薪酬激励支付方式就是股票期权计划,首次将股票期权用于支付员工薪酬的企业是美国的辉瑞制药公司。1952 年,辉瑞制药公司为减少高管个人所得税的缴纳,开始使用股票期权的形式发放薪酬。20 世纪 60 年代,美国硅谷的众多高科技企业开始大规模地利用股票期权来激励员工。随着美国政府对股票期权计划的关注,制定了相关的法律法规,使得美国股票期权计划在 80 年代后逐步走向规范化。股票期权计划在 90 年代达到了使用的高潮,成了各大企业激励高层管理人员的有效薪酬手段。但是,在 2001 年与股票期权计划相关的安然财务丑闻爆发之后,许多美国公司都对股票期权计划进行了重新的思考,甚至取消了企业的股票期权奖励计划。同时,美国政府也开始采取措施限制企业股票期权的授予,鼓励企业使用限制性股票来约束高管薪酬。2006年,美国证券交易委员会(SEC)要求企业不仅披露期权的数量,同时还要披露期权的授予成本。披露准则修改之后,美国高管薪酬的限制性股票的使用开始增加,相应的股票期权的使用呈现出下降的趋势。2008年金融危机之后,美国制定了《多德—弗兰克法案》(Dodd – Frank Act),对金融行业的高管薪酬进行了严格的管理和限制。2012年,美国证券交易委员会进一步要求企业披露高管和员工的薪酬差距,同时还必须分析高管薪酬和企业绩效的关联性。

7.2.1.2.2 美国国有企业高管薪酬的变化

美国高管的薪酬水平在过去的30年中迅速增长,特别是在1990年以后。Frydman等(2010)的数据显示了1936—2005年美国大型公司中薪水最高的三位高管年薪长期变化的过程(图7.1)。高管的年薪是由高管的薪酬、奖金、长期激励计划以及股票期权构成的。总体来看,1936—2005年,美国高管薪酬的整体变动呈现出"J"型,薪酬水平不断上涨。在第二次世界大战开始后,美国高管的薪酬呈现出明显的下降,并在1940年之后出现了持续缓慢的下降趋势。从1950年开始到1975年左右,高管薪酬以每年接近0.8%的速度增长。从1975开始,美国高管的年薪开始迅速增长,增长最快的是在20世纪90年代,年增长率超过10%。从图7.1中还可以看到美国高管比其他管理者薪酬增长的速度要快。

1999—2015年美国国有企业高管薪酬年平均薪酬示意图如图7.2所示,从图7.2中可以进一步观察到,美国国有企业高管的薪酬在2000年后仍然保持上涨的趋势,但是增长速度却低于20世纪90年代的增长速度。2012年以后,美国国有企业高管薪酬呈现下降的趋势。主要原因可能是2001年与股票期权计划相关的安然财务丑闻和2008年的金融危机导致许多美国公司都对股票期权计划进行了重新的思考,甚至取消了企业的股票期权奖励计划。

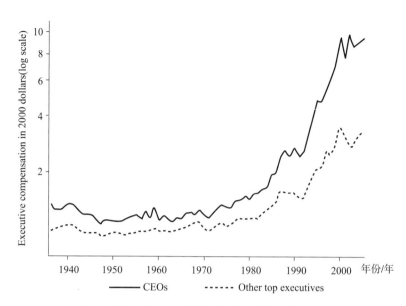

图 7.1　1936—2005 年美国国有企业高管年薪变动趋势

资料来源：Frydman C，Jenter D，CEO Compensation ［EB/OL］.
NBER Working Paper No. 16585. ［2010 - 12］http：//www.hber.org/papns/w16585

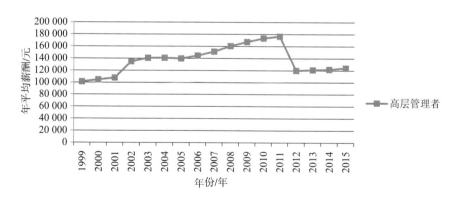

图 7.2　1999—2015 年美国国有企业高管薪酬年平均薪酬示意图

资料来源：Department of Labor. 1999—2015 Employment and Wages from Occupational Employment Statistics（OES）survey，http：//www.bls.gov/oes

2016 年 5 月，美国劳工部发布的按职业统计的就业和工资数据中可以看到 2015 年企业高管的平均年薪是 124 210 美元，而各行业就业人员年平均薪酬是

48 320 美元，美国高管平均年薪是各行就业人员平均年薪的 2.6 倍。按照企业所有权的不同，美国国有企业可以分为私营企业和政府（国有）企业。2015 年，美国私营企业高管年平均薪酬是 176 750 美元，联邦政府或地方政府所有的企业高管年平均薪酬是 116 400 美元，相差 60 350 美元。从 2009—2015 年美国私营企业与联邦政府或地方政府所有企业高管薪酬的对比（图 7.3）中可以看到，私营企业高管年平均薪酬一直都高于联邦政府或地方政府所有企业高管年平均薪酬。2009—2011 年，私营企业和政府企业高管年平均薪酬呈现的是缓慢增长的趋势。2012 年，美国国有企业高管年平均薪酬严重下滑。其中，联邦政府或地方政府所有企业高管年平均薪酬从 2011 年的 120 510 美元降低到 2012 年的 89 530 美元。2013 年，政府企业高管年平均薪酬又略微增至 90 380 美元，随后两年中高管年平均薪酬也有所提高，同 2011 年之前的年平均薪酬相比还存在一定差距（图 7.3）。美国高管薪酬 2011 年后薪酬出现下降的原因可能是来自金融危机之后，美国国有企业对高管薪酬结构的重新调整，增强了对于高管长期激励机制的约束，调整了股票期权的奖励计划。

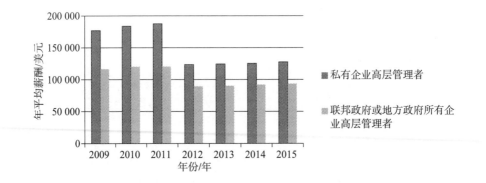

图 7.3　2009—2011 年美国私营企业与联邦政府或地方政府所有企业高管薪酬对比

资料来源：Department of Labor. 2009—2015 Employment and Wages from Occupational Employment Statistics（OES）survey ［EB/OL］. http：//www.bls.gov/oes

7.2.2　日本国有企业高管薪酬制度

7.2.2.1　日本的国有企业

日本的国有企业兴起于 19 世纪 60 年代的明治维新时期。在当时西方资本主义经济发展的影响下，为了推动本国的经济发展，日本政府提出了"殖产兴业"的政策。日本经济开始由农业经济转向工业经济，与此同时也建立起了一批影响力较大的国有企业。日本国有企业称为"公营企业"或"特殊法人"。日本的公营企业是相对于非国有企业而言的，属于日本国家政府或者地方政府所有并负责直接经营管理的企业。2016 年，日本公布了 32 个隶属国家的特殊法人，主要涉及电信、金融、铁路、公路、邮电等行业，该类企业的经营目标是以公共利益为主，强调国有企业的"公共性"作用。日本国有企业主要涉及的行业有烟草、邮政、航空、铁路、科研和金融等行业领域。

按照日本公营企业的出资主体可以分为两种不同的类型，分别是国家级的国有企业和地方级的国有企业。日本学者植草益将"公营企业"分为政府企业、公共法人和股份公司（特殊公司）三种类型[130]。政府企业是指由日本国家政府或地方政府负责并经营管理的企业，该类国有企业的自主权很小，主要受到政府的管理和控制。公共法人是指由特别法设立并具有独立法人资格，国家政府或地方政府提供资金，委托企业管理者进行管理经营的企业；股份公司（特殊公司）是国家政府或地方政府提供全部资本或部分资本的公私混合型的企业。公共法人和股份公司相对于政府企业而言，这两种企业的自主经营权利更大，但在经营目标的设置和产品价格等关键的经营决策方面仍然会受到来自日本政府间接的管理和监督。

日本国有企业的建立对于第二次世界大战后日本经济迅速恢复发挥了特别重要的作用。但是自 20 世纪 70 年代以后，日本国有企业开始出现较大的亏损和经营问题。因此，日本从 20 世纪 80 年代开始进行国有企业的"私有化"渐进式的变革，主要目的是减少政府部门在国有企业经营方面的财政支出。日本政府在原国有企业经营的领域引入私营企业，通过市场竞争的机制提高日本国有企业的经营效益。1981 年，"第二届临时行政调查会"的咨询机构成立，主要是对日本国有企业存在的问题展开相关的调查。该机构在对日本政府提出的咨询报告中明确提出对日本电信电话公社、日本铁道公社和日本专卖公社等国有企业的非国有企业化改革的建议和具体方案。随后，为了顺利推进本国国有企业的非国有企业化改革，日本政府根据不同企业的各自情况颁布了相应的法律，如《日本烟草产业股份公司法》《日本电信电话股份公司法》《电信通讯事业法》《日本国铁改革关联法》和《日本航空法》等法律（表7.2），对国有企业非国有企业化改革中涉及的相关问题进行了具体规定。至此，日本政府完成了由国家垄断并管理的国有企业如烟草、电信、铁路和航空等公司的非国有企业化改革。这些企业推行非国有企业化的改革，一方面减轻了日本政府财政负担；另一方面也提高了日本国有企业的生产效率。2005年，通过《邮政非国有企业化法案》后，日本又开始对邮政公社进行非国有企业化改革[131]。邮政公社改为日本邮政股份公司，原有的三家邮政、邮政储蓄和邮政保险改为四家股份制子公司。日本政府持有企业的全部股票，随着非国有企业化改革的逐步推进，日本政府逐步出售公司股票使其成为真正的非国有企业公司。

表7.2 日本国有企业"私有化"的相关法律

颁布时间	法律名称	主要内容
1984年8月	《日本烟草产业股份公司法》	对"日本专卖公社"非国有企业化提供了相应的法律依据
1984年12月	《日本电信电话股份公司法》《电信通信事业法》《相关法律整备法》	对电话、电信业务全部实行非国有企业化的时间表和基本措施做出了规定
1986年11月	《日本国铁改革关联法》	对"国铁"进行分割、重组、债务分配以及非国有企业化做出了相应的规定
1987年11月	《日本航空法》	对原有的日本航空业进行重新整合，并开始实施日本航空的非国有企业化改革方案
2005年7月	《邮政非国有企业化法案》	提出对原有的邮政公社进行非国有企业化的推行程序和制度框架

7.2.2.2 日本国有企业薪酬的发展

7.2.2.2.1 日本薪酬制度的变化

日本企业薪酬制度中最为传统的就是"年功序列制"，是指企业按照员工的年龄、学历和经历等为依据来确定员工基本工资的一种薪酬制度。"年功序列制"起源于1910年的日本企业内员工养成制，发展到20世纪50年代时年功序列制在日本企业中最终得到确立，典型的年功序列工资制是 1946 年日本电力行业提出的"电产型工资"（图 7.4）。在年功序列制的安排下，员工会随着在企业工作工龄的增长而得到更高的薪酬。70 年代，日本的经济由于石油危机而不景气，维持年功序列制下逐年递增的人工成本成为日本企业一大负担。因此，日本企业开始降低人工成本，同时传统的年功序列制也受到了冲击。再加上 90 年代日本老龄化社会的到来和就业观念的转变，日本企业逐渐舍弃了传统的年功序列制。基于能力的职能工资制受到了更多企业的欢迎和使用。职能工资制中的职能就是指完成工作或职务所需要具备的各种能力，是一种基于员工工作能力的评价[132]，职能工资制中依据不同的职位能力等级对应相应的工资。当员工职务完成能力经过考核达到一定的标准，就可以得到该等级的职能工资。在职能升级的评价中主要由人事部门进行考核。如果考核通过，员工就能获得更高职能等级的工资。但是，在职能工资的实际应用当中，该薪酬制度的理念并没有得到完全实现。主要是由于日本企业的员工工资不是由他所完成的工作内容所决定的，而是按照员工完成工作任务所需要能力来支付工资。而员工的能力是随着员工在企业工作的时间而逐步提高的。随着员工在企业服务时间的增加，他们的工资也随着增长。此外，员工基本工资中职能工资的比例较小，这样就导致职能工资制的作用无法完全发挥出来，仍然带有之前部分年功工资制的色彩。

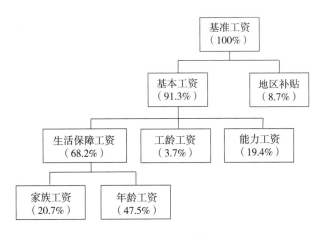

图 7.4　电产型工资及构成比例

20世纪90年代以后,日本经济陷入长期的不景气当中,经济停滞不前。日本企业的薪酬制度为了适应当时经济发展的需求,开始进行成果主义工资制的改革。成果主义工资制是指以一定时期内员工完成的业务情况和对组织的贡献为标准决定的工资制度,这种工资制度不考虑员工的学历和资历等因素,而是将工作业绩作为评价员工能力和工资的基准。在成果主义工资制的引导下,日本企业特别强调目标管理。通过成果主义工资制的实施,在员工之间形成了有效的激励机制,有利于企业从中挑选出优秀的员工,并拉开员工的薪资差距,从而更好地控制企业的人工成本。2015年日本厚生劳动省所公布的劳动条件综合调查报告中显示:28.6%的企业在过去3年都修订了自己的工资体系,导入了成果主义工资制。其中,在1 000人以上规模的企业中30.3%都已经完成了工资体系的修正。在新的成果主义工资制中,所有的企业都提高了与工作内容相关部分的工资所占的比例、与工作绩效和工作结果相关的工资所占的比例、以及与工作技能相关部分的工资所占的比例(表7.3)。

表7.3 企业工资体系变动比例和变动的类型 单位:%

分类	2007年所有企业	2010年所有企业	2014年所有企业	2014年1 000人及以上企业
公司变动的比例	46.3	34.6	28.6	30.3
与工作内容相关的工资比例	23.3	17.5	15.0	14.1
与工作技能相关工资的比例	22.1	16.9	14.1	11.2
与工作绩效或结果相关工资的比	23.7	15.0	13.1	11.2
津贴的降低	9.1	5.5	4.5	5.6
退休福利的降低	1.1	0.4	0.2	0.1
基本工资的限制和相对奖金的增加	6.0	3.1	1.1	1.3
工资标准的导入	7.7	5.2	3.9	3.9
职能工资体系的修订	11.0	6.9	6.2	9.8
年薪制的修订	4.0	3.0	0.9	3.3
废止固定工资的增加	7.1	4.6	1.6	1.0

资料来源:日本厚生勞働省.平成27年就劳动条件总合调查の报告[ER/OL].(2017-08-21).http://

但是，成果主义工资制在日本企业的使用过程中也存在一定问题。成果主义工资制的使用从一定程度上瓦解了日本企业原有的终身雇佣制度，降低了雇员对雇主的忠诚度，不利于企业对员工的长期培育。成果主义工资制偏向于短期的业绩考核，导致员工仅仅关注自己眼前的利益，而导致团队和工作小组的工作不能顺利完成。考评目标设计和评价不公的问题，也容易引起员工的不满，损伤了员工的工作积极性，造成企业内部凝聚力不足。根据2010年的劳动条件综合调查报告显示，45.6%的企业引入了绩效评价系统，但是只有23%的企业承认他们的评价系统运行得"很好"，其余的企业则认为评价产生了很多问题，如员工不接受评价结果或者是评价结果导致员工降低了工作的意愿。

7.2.2.2.2　日本国有企业高管薪酬变化

日本高管年薪酬总额是由高管的现金收入部分和年度奖金构成。日本高管年薪酬总额在1980—1990年呈现出上升的趋势，从2 554.100千日元增长到3 626.700千日元。1990年以后，由于日本经济陷入长期的不景气当中，经济发展停滞不前导致日本高管的薪酬开始出现下滑态势，在2010年降至2 811.5千日元。2012年以后，日本的经济形势逐步从2011年大地震后恢复缓慢增长，同时也带来了日本高管的薪酬逐步回升。2012—2014年，日本高管的薪酬基本稳定在30 000千日元以上。1980—2014年日本高管年薪酬总额在过去30多年中的变化过程见图7.5。总体来看，1980—2014年，日本高管薪酬的整体变动呈波浪形，薪酬水平并不像美国高管薪酬那样持续上升。

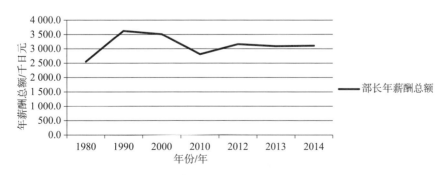

图7.5　1980—2014年日本高管年薪酬总额变动趋势

资料来源：厚生劳动省，日本的劳动生活概况2015/2016—劳动统计数据

日本国有企业高管的薪酬水平是参照公务员的薪酬进行调整和控制的，日本国有企业在经营管理上具有独立性和自主权，因此企业内高管和员工的薪酬都是企业决定的。但是，由于日本国有企业中有来自政府的投资，所以该类企业的设置和发展包括薪酬等问题都受到日本政府相关法律的调控和规制。日本政府通过立法的形式对国有企业高管的薪酬所涉及的标准、形式以及计算方法做了相应的规定，同时还规定企业高管的薪酬需参考公务员的相应标准，结合企业的自身实际经营状况可以在适当范围进行调整。以日本国有企业——日本政策金融公库的薪酬方案为例，2015年日本政策金融公库总裁的年薪为23 345千日元，其中工资为14 376千日元，奖金为6 368千日元，其他是2 600千日元。该企业总裁的薪酬相当于部长级职位薪酬的1.7倍。日本不同职位薪酬比表如表7.4所示。从表7.4可以看出，日本国有企业高管薪酬与企业普通非管理职位的工资差距只有3.4倍，说明日本国有企业高官的薪酬与普通职工的薪酬差距不大。日本政府每年都会对要求对国有企业高管的薪酬信息调查，相关主管部门审核完之后还会对企业薪酬方案提出改进建议。因此，日本国有企业高管薪酬始终处于政府和社会的监控之下，这样就使得日本国有企业高管薪酬与其他员工的薪酬差距并不显著。

表7.4　日本不同职位薪酬比较表　　　　　　（单位：千日元）

职位	总裁年薪	部长	科长	非管理职位
薪酬	23 345	13 692	10 872	6 751

（资料来源：2015日本政策金融公库的薪酬方案）

7.2.3　新加坡国有企业高管薪酬制度

7.2.3.1　新加坡的国有企业

1965年，新加坡独立后，政府为了尽快恢复并促进该国家的经济发展而决定成立一家国有投资控股公司来掌握原有的一些政府所属企业。1974年，新加坡政府出资成立了"淡马锡控股有限公司"，它是新加坡典型的国有企业代表。这家企业是新加坡最大的国有控股企业，通过控股的方式管理着新加坡航空公司和电信等多家重要的企业[133]。

淡马锡控股有限公司成长最快的时期是1974—1985年，该公司通过投资促进了新加坡航空、电力、电信等多个重要领域的快速发展。1985年后，受新加坡国内经济衰退的影响，新加坡的国有企业经营状况也大不如前。新加坡政府认为国有企业垄断导致其活力和市场竞争能力的下降，开始对国有企业采取民营化改革。淡马锡控股有限公司作为新加坡国有企业的代表也开始了民营化改革。主要的方式就是向私人出售国有企业股权，同时政府减少投资并鼓励私人资本的注入。民营化改革后，淡马锡控股有限公司与政府之间的联系淡化。国有企业在新加坡有了一个更好的市场化竞争环境，但政府在必要的时候也可以干预国有企业，保持对企业的控制权。1997年的金融危机使得淡马锡控股有限公司陷入经营困境。淡马锡控股有限公司为了走出困境，重新定位了自身作为投资方和被投资方的双重角色。作为投资方，要帮助被投资的企业建立核心竞争优势；作为被投资方，要承担起为国有资产的保值增值和股东盈利任务。淡马锡自身明确的定位进一步促进了该国有企业在国内和国外的迅速扩张和发展。

7.2.3.2 新加坡国有企业高管薪酬的发展

淡马锡控股公司的高管薪酬发放分为两种类型。为了保证股东董事的中立性，董事会中董事为公务员，代表政府对企业进行控制，其薪酬由新加坡政府支付。这种薪酬支付方式使得董事不受国有企业利益的控制，可以保证董事对国有企业监督的公正性。同时，新加坡政府也会依据企业经营状况对董事进行奖励或惩罚。如果在董事的监管下，国有企业有较好的经营业绩，董事也能得到晋升，享受更好的待遇。如果董事对国有企业的监管不力，也会受到相应的惩罚，甚至是撤职。独立董事主要来自市场中优秀企业，他们的薪酬按市场价格支付。执行董事负责企业内部的具体经营事务，他们属于新加坡国有企业的高层管理者，也称为职业经理人。淡马锡控股公司的薪酬委员会负责制定相应的薪酬制度，按照企业经营的实际状况并采用市场化的薪酬来吸引职业经理人。例如，2013年新加坡星展银行总裁的薪酬为920万新元，在劳动力市场上属于领先水平，极具竞争优势。新加坡国有企业和政府划分得非常清晰，所以国有企业高管和其他企业高管的薪酬待遇差异不大。这种差异化的薪酬设计既保证了新加坡国有企业高管中董事的独立性，同时也提高了职业经理人的竞争性。

2004年,淡马锡控股公司高管薪酬由四个组成部分构成,分别是工资、福利、绩效奖和财富增值奖励计划。高管中长期期激励主要是通过财富增值奖励计划实现的。其中部分高管奖金的发放和企业未来业绩相关,会延迟3~12年发放,形成对职业经理人经营的长期激励和控制。韬睿惠悦咨询公司2015年发布的全球薪资报告中显示,2014年亚洲最高的高管底薪水平是新加坡高管的58.6万美元。淡马锡控股公司的高管短期薪酬激励主要是年度现金红花,与企业、部门及个人绩效相关。此外,淡马锡控股公司的薪酬设计中还有薪酬回拨机制,即当企业股东回报不足时,新加坡国有企业将使用本企业过去财务增值金进行奖励,提高员工和企业的联系性,实现了国有企业和员工收益共享、风险共担的目的。

属于淡马锡控股公司投资的下属企业采取的薪酬方案也是多元化的。这些企业特别强调薪酬的业绩导向,其中大部分企业高管薪酬都是以绩效薪酬为主,管理职位越高,绩效薪酬所占比重越大。这样就使得国有企业高管承担一定的经营风险,同时也使国有企业高管的决策更符合企业的发展。此外,企业还会针对高管薪酬水平进行定期的评估,从而实现有竞争力的薪酬来吸引优秀职业经理人。同时,新加坡国有企业高管薪酬的制定都是由薪酬委员会的独立董事进行制定审核的。整个程序是透明公正的,高管个人不能参与薪酬的制定。此外,淡马锡控股公司还会给政府报送企业的财务信息,政府可以随时查询企业的经营情况。新加坡的国有企业无论是否上市,都会公开企业的经营状况,便于外部公众的监督。

7.3 国外国有企业高管薪酬制度的启示

7.3.1 政府与国有企业关系的合理定位

美国、日本、新加坡这三个国家在政府与国有企业的关系中承担了不同的角色。美国是市场化程度最高的国家,它将市场机制引入到国有企业的管理过程中。美国国有企业通过公司制的实施和改造,调整了美国国有企业董事会的职能和结构，提高了其自身的独立性，并进一步加强了股东对于国有企业的监管。日本国有企业通过"私有化"渐进式的变革，减少政府部门在国有企业经营方面的财政支出并引入私营企业，通过市场竞争的机制提高日本国有企业的经营效益。总体而言，日本国有企业更多地受到来自国家的严密监管。新加坡通过民营化改革将国有企业放到市场中竞争，增强了国有企业的盈利动机，淡化了国有企业和政府之间的联系。但是，在国有企业重大投资、董事任命考核等方面，政府还是保留参与的权利和控制权利。虽然三个国家国有企业与政府关系的紧密程度各有不同，但是共同之处就是在各个政府都让国有企业像私营企业一样积极参加市场的竞争，与此同时也保留了对国有企业必要的控制和管理权利。政府与国有企业之间合理的定位，有利于进一步明确国有企业高管薪酬制度的设计和改革方向。

7.3.2 国有企业高管薪酬的分类与分层管理

美国国有企业分为联邦政府企业和政府资助企业两种类型。其中，联邦政府企业主要是完成政府所设置的公共目标任务，其高管薪酬由联邦政府支付。政府资助企业是政府特许后由私人投资建立的，高管薪酬由政府资助企业自己支付。美国国有企业基于各类国有企业经营目标的差异性，对为数不多的国有企业高管薪酬采取了不同的薪酬支付制度。日本国有企业分为政府企业、公共法人和股份公司（特殊公司）三种类型。公共法人和股份公司相对于政府企业而言，这两种企业享有更多的自主经营权利。因为日本国有企业中有来自政府的投资，所以该类企业薪酬设置会受到日本政府相关法律的调控和规制。日本国有企业高管的薪酬需参考公务员的相应标准，企业可以结合自身实际经营状况在适当范围进行调整。新加坡的国有企业高管薪酬发放分为两个层面，按身份分为董事和非董事的薪酬制度。其中董事为政府委派的公务员担任，其薪酬由新加坡政府支付。独立董事和执行董事等其他国有企业高管人员是职业经理人，主要来自市场中优秀企业，其薪酬按照市场价格支付。不同国家通过高管薪酬的分类或分层较好地实现了对不同类型国有企业和不同身份国有企业高管的激励。这种国有企业高管薪酬分类分层的理念对于解决我国国有企业高管身份模糊不清的问题有很好的借鉴和启发。

7.3.3 长期激励的薪酬激励形式

美国是最早使用以股票期权为代表的长期激励薪酬形式的国家,通过长期激励的薪酬制度使得员工工作绩效和企业长期经营目标相结合,成了各大企业激励高层管理人员的有效薪酬手段。但是,在安然财务丑闻爆发之后,许多美国公司都对股票期权计划进行了重新的思考,开始采取措施限制企业股票期权的授予,甚至有些企业还取消了股票期权奖励计划。新加坡国有企业高管的中长期激励主要是通过财富增值奖励计划实现,其中部分高管奖金的发放和企业未来业绩相关,会延迟 3~12 年发放,形成对职业经理人经营的长期激励和控制。此外,新加坡国有企业高管薪酬设计中最引人注目的是薪酬回拨机制。股东回报不足时,企业会使用企业过去财务增值金进行奖励,实现了国有企业和员工收益共享、风险共担的目的。这两个国家长期激励的薪酬形式无论是股票期权还是财富增值奖励计划,对于中国国有企业高管薪酬制度的启示是要规范合理的设置长期激励的形式和比例。长期薪酬激励的正确使用有助于提高国有企业高管工作绩效,促进国有企业成长发展,同时它也能更好地激发国有企业高管的工作热情。但是,如果长期激励的薪酬使用不当,它也会导致不同行业国有企业高管或高管与员工之间的薪酬差距进一步扩大,引起社会的广泛争议和不满。

7.3.4 国有企业高管薪酬信息的披露

美国高管信息披露程度在薪酬制度的发展过程中不断加大。目前,外界可以公开查询美国高管薪酬的各类薪酬信息。尤其是在 2008 年金融危机之后,对于美国高管薪酬不仅可以查询到股票期权的数量,也可以查询到期权的授予成本。2012 年,美国证券交易委员会进一步要求企业披露高管和员工的薪酬差距,同时还必须分析高管薪酬和企业绩效的关联性。美国通过加大高管薪酬披露的程度,可以更好地管理和限制偏高的高管薪酬。日本政府则每年都会对国有企业高管的薪酬信息调查,相关主管部门审核完之后还会对企业薪酬方案提出改进建议。因此,日本国有企业高管薪酬始终处于政府和社会的监控之下。新加坡高管薪酬信息可以由政府进行随时检查,同时个人也可以通过缴费的形式在相关部门进行查阅。相对而言，我国国有企业高管薪酬信息的公开程度较低，通过查询只能找到国有企业高管货币化薪酬的相关数据，对于国有企业高管薪酬中具体的数据如，基本薪酬、绩效薪酬、股权激励等并没有单独列出。这就使得公众对于国有企业高管薪酬的了解不够准确，不利于外部对国有企业高管薪酬的监督。

7.4 小结

本章是从历史变迁的角度比较了美国、日本和新加坡的国有企业高管薪酬制度的发展，从而得出美国、日本和新加坡高管薪酬制度历史演变对我国国有企业高管薪酬改革的启示。美国和日本国有企业高管薪酬体系的设置各有特色，同时也存在很大的差异性。其中，美国国有企业高管薪酬更偏向于市场为导向，而日本国有企业高管薪酬则更多受到政府的监管，新加坡国有企业高管薪酬制度则充分体现了国有企业高管身份差异化的薪酬激励理念。以上三个国家国有企业高管薪酬设计的理念都对我国目前进行的国有企业高管薪酬差异化改革有很大的指导性。我国国有企业高管薪酬的设计要吸收这些国家的精华，但同时也必须考虑我国自身的国情和国有企业的特殊性，结合国有企业的实际情况设计国有企业高管的薪酬模式，这样才能实现国有企业高管薪酬激励的有效性。对于我国未来国有企业高管薪酬制度设计的有益启示包括：重视政府和企业之间的合理定位、考虑国有企业高管薪酬分类分层设置，安排合理的长期激励比例，及时披露相关的薪酬信息。国有企业高管薪酬制度的设计需要综合考虑各种因素，才能尽可能地降低高管薪酬给国有企业发展所带来的风险。

第8章 研究结论与展望

8.1 主要研究结论

8.1.1 理论分析的主要结论

从国有企业高管所处的劳动力市场环境看,国有企业高管主要来源于政府委派却使用市场化的薪酬水平进行激励,造成国有企业高管薪酬偏离劳动力市场均衡中的实际薪酬水平。国有企业特殊的多任务委托代理关系,使得国有企业高管薪酬激励的强度受到风险规避程度、不同工作任务的成本、国有企业高管努力程度的方差、不同工作任务之间的关系等多方面因素的影响。分类后的国有企业会更加明确本企业的主营业务,可以有针对性地加强高管不同工作任务的薪酬激励强度。高管的双重身份使得高管保留薪酬不是由经理人的市场均衡价格所决定,而是成为内生于政府的选择,受到来自政府的薪酬管制。这样就导致来源于政府委任的国有企业高管所获得的薪酬高于实际应得薪酬,而另一方来源于市场的职业经理人薪酬的激励效果不足。因此,国有企业高管薪酬改革必须对国有企业的类型和高管身份有着清晰的认识和界定,才能形成对国有企业高管有效的激励。

8.1.2 实证分析的主要结论

分类视角下国有企业高管薪酬制度设计研究采用定量化的分析验证了在国有

企业分类的情况下，商业类国有企业薪酬制度的激励效果要好于公益类国有企业高管薪酬的激励效果。商业类国有企业高管薪酬与净资产收益率和托宾 Q 值都是显性正相关的。而公益类国有企业高管薪酬与国有企业绩效并不显著。研究过程中还发现独立董事的比例、股权集中度、企业规模对两类国有企业经营绩效的影响也存在差异。因此，在我国目前国有企业分类改革的大背景下，国有企业高管薪酬制度需要结合国有企业的类型进行分类化设计。

分层视角下国有企业高管薪酬制度设计研究结果显示有政府背景高管和无政府背景高管所在国有企业薪酬制度的激励效果存在差异性。两类身份背景的国有企业高管薪酬水平都与国有企业的经营绩效有着紧密的联系。但是，通过具体的相关系数比较后可以看到，国有企业的薪酬制度对于无政府背景的职业经理人薪酬激励效果要好于有政府背景国有企业高管的激励效果。主要原因就在于有政府背景的国有企业高管兼有"高管"和"高官"的双重身份，身份定位不清晰。即国有企业高管身份双重性导致国有高管薪酬制度的激励性不能完全发挥出来。因此，国有企业高管的薪酬设计首先必须破除有政府背景高管身份的"双重性"问题。在明确国有企业高管身份的前提下，研究提出分类分层的国有企业高管薪酬模式。

8.1.3 历史分析的主要结论

国有企业高管的薪酬是以国有企业薪酬制度为基础并与国有企业改革的整体发展紧密联系的，国有企业从最初计划经济时代的"国营企业"逐步转变为具有一定独立自主权利的企业。随着社会主义市场经济体制的建立、现代企业制度的推行，以及国资委的建立，国有企业的经营和管理机制在改革中得到了进一步的规范，国有企业改革的同时也带动了国有企业高管薪酬制度的演变。目前，国有企业深化改革的背景下，如何设计与混合所有制相匹配的国有企业薪酬制度并体现薪酬激励性和约束性成为这个时期薪酬改革的重要内容。我国国有企业高管薪酬从 20 世纪 80 年代开始实行承包经营责任制，国有企业高管的薪酬与企业经营成果相挂钩。90 年代后，国有企业高管薪酬制度进入了多元化激励机制的探索阶段，年薪制和股权激励开始在部分国有企业内试行。2009 年，国有企业高管的薪酬不合理偏高的现象凸显，国家通过相关政策的制定对其进行规范性的调节。同时，国家也制定了关于国有上市公司股权激励的各类政策，国有企业高管薪酬决定的政策体系初步形成，国有企业高管的薪酬制度也得到了逐步的完善。2013年，开始进入国有企业改革深化的攻坚阶段，国有企业高管的薪酬改革不断深入，国有企业高管差异化薪酬分配制度成为目前我国国有企业高管薪酬改革的亮点。

8.1.4　比较分析的主要结论

通过对美国、日本和新加坡国有企业高管薪酬制度发展历史的比较研究可以发现，三个国家国有企业高管薪酬体系分别具有不同的特质值得我国国有企业高管薪酬改革借鉴。美国国有企业高管薪酬更偏向于市场为导向，而日本国有企业高管薪酬则更多受到政府的监管，新加坡国有企业高管薪酬制度则充分体现了高管身份差异化的薪酬激励理念，对我国目前进行的国有企业高管薪酬差异化改革有很大的指导性。国外国有企业高管薪酬值得我国高管薪酬制度改革中借鉴的经验有合理定位政府和国有企业之间的关系、分类分层薪酬设计、长期激励的薪酬形式以及高管薪酬信息的透明化。

8.2　政府规制下国有企业高管薪酬制度改革的建议

8.2.1　培养职业经理人才市场

职业经理人是未来国有企业高管的重要来源之一，同时职业经理人也是国有企业建立实现我国现代企业制度的必要要求。选择职业经理人进入国有企业，其主要目的就是要将企业外部的监督转为国有企业高管的自我约束。过去我国国有企业高管来源主要是行政任命，导致国有企业高管身份模糊不清，其薪酬成为内生变量受到来自政府的干预和控制。行政任命的国有企业高管不是通过市场选拔出来的，与劳动力市场规律相违背，非职业化的国有企业高管不利于现代企业制度在国有企业中的推行。这就导致国有企业高管薪酬并不是完全由劳动力市场供给和需求的价格而决定的,而更多地受到政府政策的影响。目前,由于我国职业经理人市场的竞争还不够充分,高管薪酬的市场化未完全实现。随着国有企业混合所有制的深化改革,越来越多的职业经理人会进入到国有企业中,所以国家应该培育并完善我国经理人劳动力市场的建设,为国有企业高管薪酬改革提供一种良好的外部市场环境。

8.2.1.1 应构建多层次多来源的职业经理人选拔渠道

国有企业中选任职业经理人来源有两种:一种是国有企业内部政府任命的国有企业高管并愿意放弃原有政府身份的优秀管理人才;另外一种是外部非国有企业当中具有良好经营才能的管理人才。国有企业可以通过内部竞聘或者外部招聘的方式来选拔适合本企业发展所需的管理人才。国有企业高管会直接影响到企业的经营发展,单一的内部选拔不利于国有企业突破固有的发展模式。将内部选拔和外部招聘相结合,可以为国有企业引进新鲜血液,提高国有企业的创新性。

8.2.1.2 要明确国有企业职业经理人的选拔标准

可以从职业经理人的任职资格、经营能力和从业背景进行多维度的考察;同时也应当结合不同国有企业各自的业务特征,选择符合国有企业长期战略发展要求的职业经理人。

8.2.1.3 设置合理的考核指标

按照企业的分类,进入商业类国有企业的职业经理人将要负责企业重要的生产经营、资产保值增值等多方面的工作。这类国有企业高管的考核指标重点突出职业经理人在经营管理业绩方面的指标设置。而进入公益类国有企业的高管将承担公共产品和服务的提供。这类国有企业高管的考核指标应该重点社会公众目标的完成和公众满意度的提升。

8.2.1.4 职业经理人市场的培育还应注意防范职业经理人的道德风险

国有企业对于我国的经济发展和社会稳定具有极为重要的作用,而职业经理人又是专门负责国有企业经营管理工作的重要人员,必须采取有效监督措施对职业经理人的道德进行评价和记录,避免职业经理出现违反道德的各种不良经营行为。

只有逐步培育和完善我国的职业经理人市场,才能进一步解决国有企业高管人员的身份问题，吸引更多优秀的职业经理人进入国有企业从事相关的管理工作。通过在国有企业中逐步建立科学合理的职业经理人选拔和流动制度，给与国有企业自己挑选高管的权利，实现国有企业高管的人员的优化配置。同时，职业经理人市场的完善也可以进一步提高国有企业高管人员的总体素质、优化国有企业高管的人才队伍结构，为改善国有企业高管薪酬的激励效果创造良好的外部环境。

8.2.2　构建分类分层双重薪酬模式

由于我国国有企业特殊的性质和特殊的委托代理关系，在国有企业高管的选任中完全"去行政化"是不可以行的。国家需要掌握对国有企业的控制权，这是国有企业坚持市场化的改革方向和国有企业建立现代企业制度的必要要求。在全面深化国有企业改革的背景下，部分国有企业和国有企业高管需要充分参与到激烈的市场竞争中去，那么就不能再模糊地对待国有企业的性质和国有企业高管的身份问题，而应当按照国有企业属性和国有企业高管职业的要求，实施分类分层的薪酬制度设计和管理，由原先国家政府对国有企业高管薪酬集中化的控制转向分类化分层化管理方式。党的十八届三中全会提出国有企业"分类改革"的思想，2015年制定的相关分类指导意见将国有企业分为商业类和公益类国有企业。商业类和公益类国有企业的经营考核目标不同，两类企业薪酬激励制度应当有所差异，即"分类"角度。在同一家国有企业中不同高管人员的来源和职责不同，明确不同的身份来源和职责设计不同的薪酬激励制度，即"分层"的角度。

基于国有企业分类的角度，国有企业高管薪酬应根据国有企业的功能和类别，设置不同的考核指标和标准，分类考核并实行差异化薪酬。商业类国有企业考核重点是经济效益和资本回报率，公益类国有企业考核重点是社会效益的实现。不同类型国有企业高管薪酬依据考核指标和标准的不同，设计相应的薪酬调整方案。按照国有企业高管多任务委托代理模型的分析，国有企业高管的工作任务有经营责任和社会责任。在国有企业分类改革的前提下，商业类国有企业强调企业在市场上的竞争力，因此对于高管的经营责任要求必然大于社会责任。公益类国有企业则突出了公共产品和服务的提供，社会责任对于公益类国有企业而言更为重要。不同类型的国有企业应该针对其各自的主营业务将加强对高管薪酬的激励强度。但是，无论是承担经营责任还是社会责任的工作任务，这两个任务的完成对于国有企业高管的激励是相互作用的。提高国有企业高管的经营责任薪酬激励强度时，会带来社会责任激励强度的增加。同理，当高管社会责任激励强度增加时，其经营责任薪酬激励强度也会随之提高。所以，分类后的国有企业会将各自薪酬激励重点放在其主营业务上，依据各自的经营性质和任务特点来突出对经营责任或社会责任的薪酬激励。国有企业高管薪酬设计可以通过对国有企业高管主营业务的薪酬激励带动其另一项非主营业务工作任务的激励。

基于分层的角度，按照加入身份的委托代理模型的分析，国有企业高管的保留薪酬是以区间 $\bar{w} \in [w_1, w_2]$ 分布呈现的。其中，w_1 代表政府中相同行政级别官员的薪酬，w_2 代表劳动力市场中相同岗位的职业经理的薪酬。通过明确高管来源和职责后，将国有企业高管分为政府委任和职业经理人两类。进行薪酬制度设计时，政府委任的国有企业高管属于公务员的身份。通过"政府委任"的国有企业高管基本年薪应参照同级别的公务员水平进行设计，国家依据政府委任类国有企业高管对国有企业的工作表现进行以晋升为主的激励。为保障该类国有企业高管的独立性，其薪酬应当由国家支付。"政府委任"的国有企业高管人员，属于政府为主体任命的管理者，对这类国有企业高管的激励主要以职位升迁为主，而不是高额的薪酬回报。如果他们在国有企业中表现出良好的经营业绩，也可以通过晋升的方式对其进行激励。相反，如果政府委任的国有企业高管对国有企业的经营监管不到位，政府也有权利对其进行降职或撤职。"市场选任"的职业经理人是通过市场来选拔和任用的，其薪酬调整则应更多地参考不同行业高管的薪酬平均水平，为职业经理人选择一个合理的薪酬区间，防止优秀的国有企业高管人才流失。而市场选任的国有企业高管是通过市场竞争进入国有企业的高管人员，其薪酬应该以市场同行业高管薪酬水平 w_2 为参照。对于职业经理人的薪酬激励需要和所在国有企业的类型相结合，依据国有企业不同的主营业务和经营目标，设计科学合理的高管绩效考核指标，按照职业经理人绩效考核指标的完成情况对其进行短期和长期的薪酬激励。

在分类分层的双视角下，国有企业高管薪酬就变成了四种基本模式，如表8.1所示。

表 8.1　分类分层的四种模式

分类	商业类国有企业	公益类国有企业
政府委任的高管	基本薪酬：公务员为参照	基本薪酬：公务员为参照
	晋升激励：经营任务为考核标准	晋升激励：社会任务为考核标准
职业经理人	基本薪酬：同行业高管为参照	基本薪酬：同行业高管为参照
	激励薪酬：经营任务为考核标准	激励薪酬：社会任务为考核标准

除此之外，国有企业高管薪酬制度的设计中还应该进一步强化高管薪酬和绩效的联动性，高管绩效提升带动薪酬提升，高管业绩下滑其薪酬也要随之下降。"行政任命"的高管人员其绩效年薪会随其年度经营业绩考核结果而上下浮动，任期激励收入则按照国有企业高管在任期内的经营业绩考核结果进行分配。"市场选任"的高管则需要和国有企业签订薪酬契约，通过高管薪酬契约来约定国有企业高管在任期内承担的责任和经营目标，并按照薪酬契约的完成程度调节高管薪酬的分配。这样可以使国有企业高管参与到国有企业的收益分配中并承担相应的经营风险，形成对国有企业高管薪酬的动态调节机制。

8.2.3　完善国有企业高管薪酬的监督机制

为了确保国有企业高管薪酬制度有效性，国有企业薪酬制度改革过程中还需要完善国有企业高管薪酬的监督约束机制。国有企业高管的监督约束应该有三个主体的参与，分别是政府的监管部门、企业内部的董事会和社会公众。政府的监管部门除了国资委直接的监管之外，国家的财政、审计、税务等部门也应该发挥对国有企业高管的监督作用。通过政府部门的监管可以审视国有企业高管是否帮助国有企业实现了保值增值或保障民生的目标，调控国有企业高管的总体薪酬水平、缩小行业间的不合理的薪酬差距、监控国有企业高管是否存在过度在职消费等情况。企业内部董事会则是具体负责考核国有企业高管是否完成了国有企业预期的经营目标，检查国有企业高管在经营决策中是否存在违规行为。通过加强国有企业内部的公司治理，减少国有企业高管危害国家或企业利益的行为，保护投资者的合法权益。董事会要通过考核国有企业高管的经营业绩的完成情况去合理地调整和控制国有企业高管的薪酬。社会公众可以依据国有企业公开的企业经营信息和高管薪酬信息，对国有企业高管薪酬进行外部监督。但是由于国有企业高管薪酬信息的获取存在一定难度，社会公众对国有企业高管的外部监督还处于初步的探索阶段。社会公众对国有企业高管薪酬的监督是前两种监控体系的一种有益补充，可以对国有企业高管薪酬合理分配起到一定的约束性作用。政府、董事会和社会公众三方对国有企业高管薪酬监控的角度不同，互为补充，共同形成了三位一体的国有企业高管薪酬的监督约束体系。

8.2.4　加大国有企业高管薪酬信息公开性

国有企业高管薪酬信息的公开透明程度会影响到国有企业高管薪酬监督约束机制的有效运行。我国对上市国有企业高管薪酬的披露有相关规定，但是实际中企业却披露得很少，甚至有些国有企业高管薪酬信息还存在缺失。目前，国有企业高管薪酬信息可以公开查询到的仅有国有企业高管货币化薪酬的相关数据，对于国有企业高管薪酬中具体的数据如基本薪酬、绩效薪酬、股权激励等并没有单独列出。这就使得公众对于国有企业高管薪酬的了解不够准确，不利于外部对国有企业高管薪酬的监督。国有企业是属于全体人民所有的，公众应该了解国有企业高管薪酬的相关信息。国有企业由于委托代理关系复杂，本身信息不对称的情况就比较严重。因此，国有企业高管薪酬的信息应该进一步公开化、透明化、细节化。高管薪酬信息披露方面可以借鉴美国和新加坡国有企业高管薪酬披露的经验，通过媒体加大企业薪酬信息的公开力度，对国有企业高管薪酬合理化分配形成一定的社会压力。政府在国有企业高管薪酬信息的披露方面也应进一步做出明确的规定，规范国有企业高管薪酬披露的具体内容，保证国有企业高管薪酬披露的完整性和准确性。此外，国有企业高管薪酬信息的充分披露有助于投资方更好地监控和评估国有企业高管的薪酬分配情况，有助于薪酬委员会在国有企业高管薪酬的制订中做出正确的判断。通过加大国有企业高管薪酬信息的透明度，可以使政府、企业和公众更好地监督国有企业高管薪酬的分配，同时也减少了国有企业高管薪酬的监控成本。

8.3 目前研究不足和未来研究展望

国有企业高管薪酬制度改革是我国深化国有企业改革当中的主要问题之一。本研究主要关注了"国有企业高管薪酬的形成机制",试图对我国国有企业高管薪酬制度设计问题进行系统的研究。但是,国有企业高管薪酬改革所涉及内容较为复杂,再加之个人知识储备和研究能力有限,使得研究中还存在以下不足之处。

(1) 本研究中涉及的国有企业高管薪酬是狭义的货币薪酬,不包括高管的股权激励和其他收入。所以,国有企业高管薪酬改革问题研究中仅考虑了货币薪酬方面,没有进一步研究国有企业高管长期股权激励和其他收入的问题。这与国有企业高管实际的收入分配还存在一定的偏差。

(2) 本研究对国有企业高管薪酬形成机制的理论分析主要从国有企业高管劳动力市场的供需分析、国有企业高管委托代理关系和加入身份的委托代理关系三个方面进行阐述。基于个人研究能力水平的限制,构建的机制分析框架还存在一定的局限性,可能还有部分因素尚未考虑全面,未来还需要对其进行必要的修正和进一步的扩展。

(3) 受到研究数据的限制,本书只对上市国有企业高管薪酬进行了实证分析,没有涉及未上市的国有企业高管薪酬样本,而未上市的国有企业高管薪酬可能会存在更为复杂的问题。

国有企业高管薪酬制度改革是一个逐步深化的过程,未来还有很多值得研究和探讨的问题。首先,国有企业高管薪酬的内涵可以进一步的扩展,除了研究货币化的高管薪酬之外,还可以进一步研究国有企业高管长期的股权激励、国有企业高管非货币化的薪酬等内容。其次,在未来的研究中可以对国有企业高管薪酬形成机制的理论框架进行进一步的修正,不断完善国有企业高管薪酬的理论体系。最后,国有企业高管薪酬的实证分析也会随着国有企业高管信息透明度的加大,进一步扩大研究样本,从而能更全面地分析国有企业高管薪酬所面临的问题,为国有企业高管薪酬制度改革的深化提供更为有效的对策建议。

附　录

附录 A　国有企业改革政策文件汇总表

年份/年	部　门	政策文件
1979	国务院	《关于扩大国营工业企业经营管理自主权的若干规定》
1979	国务院	《关于国营企业利润留成的规定》
1983	国务院	《国营工业企业暂行条例》
1984	国务院	《关于进一步扩大国营工业企业自主权的暂行规定》
1984	党的十二届三中全会	《关于经济体制改革的决定》
1986	国务院	《关于深化企业改革增强企业活力的若干规定》
1986	国务院	《全民所有制企业厂长工作条例》
1986	国务院	《中国共产党全民所有制工业企业基层组织工作条例》
1986	国务院	《全民所有制工业企业职工代表大会条例》
1988	第七届全国人民代表大会第一次会议	《中华人民共和国全民所有制工业企业法》
1988	国务院	《全民所有制工业企业承包经营责任暂行条例》
1992	国务院	《全民所有制企业转换经营机制条例》
1993	党的十四届三中全会	《关于建立社会主义市场经济体制若干问题的决定》

续表

年份/年	部门	政策文件
1993	第八届全国人民代表大会常务委员会第五次会议	《中华人民共和国公司法》
1999	党的十五届四中全会	《中共中央关于国有企业改革和发展若干重大问题的决定》
2003	党的十六届三中全会	《中共中央关于完善社会主义市场经济体制若干问题的决定》
2003	国务院、国资委	《关于规范国有企业改制工作的意见》
2004	国务院、国资委、财政部	《企业国有产权转让管理暂行办法》
2005	国务院、国资委、财政部	《企业国有产权向管理层转让暂行规定》
2005	证监会	《关于上市公司股权分置改革试点有关问题的通知》
2005	证监会、国务院、国资委	《关于做好股权分置改革试点工作的意见》
2008	第十一届全国人民代表大会常务委员会第五次会议	《企业国有资产法》
2013	国务院	《关于深化收入分配制度改革的若干意见》
2013	中共中央办公厅	《关于在深化国有企业改革中坚持党的领导加强党的建设的若干意见》
2013	国务院	《关于加强和改进企业国有资产监督防止国有资产流失的意见》
2013	党的十八届三中全会	《中共中央关于全面深化改革若干重大问题的决定》
2015	国务院	《关于深化国有企业改革的指导意见》
2015	国务院	《关于国有企业发展混合所有制经济的意见》
2015	国务院	《关于改革和完善国有资产管理体制的若干意见》
2015	国务院	《关于国有企业功能界定与分类的指导意见》
2016	国务院	《中央企业深化改革瘦身健体工作方案》
2016	国资委、财政部	《关于完善中央企业功能分类考核的实施方案》

附录 B 国有企业高管薪酬政策汇总表

年份/年	部门	政策名称
1956	国务院	《关于工资改革的决定》
1985	国务院	《关于国营企业工资改革问题的通知》
1986	国务院	《国务院关于深化企业改革增强企业活力的若干规定》
1988	国务院	《全民所有制工业企业承包经营责任制暂行条例》
1992	劳动部	《关于进行岗位技能工资制试点工作的通知》
1992	劳动部	《关于改进完善全民所有制企业经营者收入分配办法的意见》
1994	劳动部、国家经贸委	《关于加强国有企业经营者工资收入和企业工资总额管理的通知》
1994	国家经贸委、国家体改委、劳动部	《国有企业厂长（经理）奖惩办法》
1994	劳动部、国家经贸委、财政部	《国有企业经营者年薪制试行办法》
2000	劳动部	《进一步深化企业内部分配制度改革的指导意见》
2001	国家经贸委、人事部、劳动和社会保障部	《关于深化国有企业内部人事、劳动、分配制度改革的意见》
2001	证监会	《关于在上市公司建立独立董事制度的指导意见》
2002	证监会、国家经贸委	《上市公司治理准则》
2002	财政部、科技部	《关于国有高新技术企业开展股权激励试点工作的指导意见》
2003	国资委	《中央企业负责人经营业绩考核暂行办法》（2003年发布，2006年、2013年两次修订）
2006	证监会	《上市公司股权激励管理办法（试行）》
2006	国资委、财政部	《国有控股上市公司（境外）实施股权激励试行办法》
2006	国资委、财政部	《国有控股上市公司（境内）实施股权激励试行办法》
2006	国资委	《关于规范中央企业负责人职务消费的指导意见》

续表

年份/year	部门	政策名称
2008	国资委	《关于规范国有控股上市公司实施股权激励制度有关问题的通知》
2009	财政部	《关于我国金融类国有及国有控股企业的绩效评价办法和薪酬管理办法》
2009	人力资源和社会保障部会、中央组织部	《关于进一步规范中央企业负责人薪酬管理的指导意见》
2014	中共中央	《中央管理企业负责人薪酬制度改革方案》
2016	财政部、科技部、国资委	《国有科技型企业技术和分红激励暂行办法》
2016	国资委	《中央企业负责人经营业绩考核办法》

参考文献

[1] 余逸群. 外国有企业的发展 [J]. 决策与信息, 1994 (11): 43-45.

[2] 管跃庆, 束华, 邹腊根. 海外国有企业的政企关系 [J]. 当代财经, 1999 (3): 49-50.

[3] 王敏旋. 国外国有企业的改革与发展 [J]. 管理科学文摘, 2002 (3): 8-9.

[4] 邓志群. 国有企业再定义——国资企业 [J]. 施工企业管理, 2003 (4): 12-13.

[5] Katzenbach J R. The Myth of the Top Management Team [J]. Havard Business Review, 1997, 75 (6): 83-91.

[6] 吕长江. 国有企业管理者激励效应研究——基于管理者权利的解释 [J]. 管理世界, 2008 (11): 105-108.

[7] 李增泉. 激励机制与企业绩效——一项基于上市公司的实证研究 [J]. 会计研究, 2000 (1): 24-26.

[8] 魏刚. 高层管理者激励与上市公司经营绩效 [J]. 经济研究, 2000 (3): 32-34.

[9] 李芳, 李实. 中国国有企业高管薪酬差距研究 [J]. 中国社会科学, 2015 (8): 53-55.

[10] 曾湘泉. 薪酬: 宏观、微观与趋势 [M]. 北京: 中国人民大学出版社, 2006 (8): 2-5.

[11] Martocchio J. Strategic compensation: A Human Resource Approach [M]. 10th

ed. New Jersey: Pearson Prentice Hall, 2013: 7 - 10.

[12] 苏海南. 合理调整工资收入分配关系 [M]. 北京: 中国劳动和社会保障出版社, 2013.

[13] 陈晓东, 金碚. 国有企业高管薪酬制度改革的历史逻辑与政策效果 [J]. 经济纵横, 2015 (11): 54 - 58.

[14] 潘飞, 石美娟. 高级管理人员激励契约研究 [J]. 中国工业经济, 2006 (3): 68 - 73.

[15] 宋晶. 工资决定理论: 古典经济学与现代经济学的比较 [J]. 财经问题研究, 2011 (3): 21 - 25.

[16] 亚当·斯密. 国民财富的性质和原因的研究 (上卷) [M]. 北京: 商务印书馆, 2005.

[17] 大卫·李嘉图. 政治经济学及赋税原理 [M]. 北京: 华夏出版社, 2005.

[18] 胡放之. 西方 200 年来工资决定理论概述 [J]. 咸阳学院学报, 2005 (8): 44 - 48.

[19] 马歇尔. 经济学原理 [M]. 北京: 商务印书馆, 1965.

[20] 宋晶, 孟德芳. 企业工资决定: 因素、机制及完善对策研究 [J]. 财经问题研究, 2013 (5): 104 - 108.

[21] 张德远. 关于西方现代效率工资的评述 [J]. 财经研究, 2002 (5): 74 - 75.

[22] 胡若南, 陈叶盛. 工资理论比较研究 [J]. 云南社会科学, 2007 (6): 89 - 93.

[23] 杨伟国, 高峰. 委托代理理论下高管薪酬研究的新进展 [J]. 理论探索, 2009 (6): 76 - 77.

[24] 张维迎. 从现代企业理论看国有企业改革 [J]. 理论探索, 1995 (2): 30 - 33.

[25] 王明杰, 郑一山. 西方人力资本研究综述 [J]. 中国行政管理, 2006 (8): 93 - 94.

[26] Jensen M C. Murphy K J. Performance Pay and Top - Management Incentives [J]. Journal of Political Economy, 1990 (4): 225 - 264.

[27] Yermack D. Do corporations award CEO stock options effectively [J]. Journal of Financial Economics, 1995 (39): 237 – 269.

[28] Banghoj J, Gabrielsen G, Petersen C, et al. Determinants of executive compensation in privately held firms [J]. Accounting & Finance, 2010 (3): 481 – 510.

[29] Jensen M C, Meckling W H. Theory of the Firm: Managerial Behavior, Agency Costs and Ownership Structure [J]. Journal of Financial Economics, 1976 (3): 305 – 360.

[30] Holmstrom B. Moral Hazard and Observability [J]. The Bell Journal of Economics, 1979 (1): 74 – 91.

[31] Hall B J, Liebman J B. Are CEOs really paid like bureaucrats? [J]. The Quarterly Journal of Economics, 1999 (8): 654 – 691.

[32] Murphy K J. Executive Compensation [J]. Handbook of Labor Economics, 1999 (3): 2485.

[33] Frydman C, Saks R E. Executive Compensation: A New View from a Long – Term Perspective, 1936 – 2005 [J]. Review of Financial Studies, 2007 (5): 2099 – 2138.

[34] Graham J R, Li S, Qiu J. Managerial attributes and executive compensation [J]. Review of Financial Studies, 2011 (1): 144 – 186.

[35] Jensen M C. The Modern Industrial Revolution, Exit, and the Failure of Internal Control Systems [J]. Journal of Finance, 1993 (7): 831 – 880.

[36] Core J E, Holthausen R W, Larcker D F. Corporate governance, chief executive officer compensation, and firm performance [J]. Journal of Financial Economics, 1999 (51): 371 – 406.

[37] Bebchuk L A, Fried J M. Executive compensation as an agency problem [J]. Journal of Economic Perspectives, 2003, 17 (4): 71 – 92.

[38] Bebchuk L A, Fried J M. Pay without Performance: The Unfulfilled Promise of Executive Compensation [M]. Cambridge MA: Harvard University Press, 2006.

[39] Khana R, Dharwadkar R, Brandesb P. Institutional ownership and CEO com-

pensation: a longitudinal examination [J]. Journal of Business Research, 2005 (8): 1078 – 1088.

[40] Petra S T, Dorata N T. Corporate governance and chief executive officer compensation [J]. Corporate Governance: The International Journal of Business in society, 2008 (8): 141 – 152.

[41] Ferri F, Maber D A. Say on Pay Vote and CEO Compensation: Evidence from the UK [J]. Review of Finance. 2011 (12): 1219 – 1228.

[42] Guest P M. Board structure and executive pay: evidence from the UK [J]. Cambridge Journal of Economics, 2010 (6): 296 – 312.

[43] Frydman C, Jenter D. CEO Compensation [J]. Annual Review of Financial Economics, 2010 (10): 75 – 102.

[44] Morse A, Nanda V, Seru A. Are Incentive Contracts Rigged by Powerful CEOs [J]. The Journal of Financial, 2011 (10): 1779 – 1821.

[45] Core J, Guay W. The use of equity grants to manage optimal equity incentive levels [J]. Journal of Accounting and Economics, 1999 (28): 151 – 184.

[46] Hall B J, Murphy K J. The Trouble with Stock Options [J]. Journal of Economic Perspectives, 2003, (3): 49 – 70.

[47] Cordeiro J, Veliyath R. Beyond pay for performance: a panel study of the determinants of CEO compensation [J]. American Business Review, 2003 (1): 56 – 66.

[48] Coles J L., Daniel N D, Naveen L. Managerial incentives and risk – taking [J]. Journal of Financial Economics, 2006 (79): 431 – 468.

[49] Benmelech E, Kandel E, Veronesi P. Stock – Based Compensation and CEO (Dis) Incentives [J]. The Quarterly Journal of Economics, 2007 (4): 1769 – 1820.

[50] Billett M T, Mauer D C, Zhang Y. Stockholder and Bondholder Wealth Effects of CEO Incentive Grants [J]. Financial Management, 2010 (2): 463 – 487.

[51] Aboody D, Johnson N B, Kasznik R. Employee stock options and future firm

performance: Evidence from option repricings [J]. Journal of Accounting and Economics, 2010 (50): 74 – 92.

[52] Lo K. Economic Consequences of Regulated Changes in Disclosure: The Case of Executive Compensation [J]. Journal of Accounting and Economics, 2003 (3): 285 – 314.

[53] Henry D. Corporate Governance Structure and the Valuation of Australian Firms: Is There Value in Ticking the Boxes [J]. Journal of Business Finance & Accounting, 2008 (4): 912 – 942.

[54] Laksmana I. Corporate Board Governance and Voluntary Disclosure of Executive Compensation Practices [J]. Contemporary Accounting Research, 2008 (4): 1147 – 1182.

[55] Bizjak J, Lemmom M, Nguyen T. Are all CEOs above Average? An Empirical Analysis of Compensation Peer Groups and PayDesign [J]. Journal of Financial Economics, 2011 (100): 538 – 555.

[56] Hermalin B, Weisbach M. Information Disclosure and Corporate Governance [J]. Journal of Finance, 2012 (67): 195 – 233.

[57] Agarwal N. C. Determinants of Executive Compensation [J]. Industrial Relations, 1981 (20): 36 – 45.

[58] Lazear E. Agency, Earnings Profiles, Productivity, Hours Restrictions [J]. American Economic Review, 1981 (4): 606 – 620.

[59] Harris D, Helfat C. Specificity of CEO human capital and compensation [J]. Strategic Management Journal, 1997 (11): 895 – 920.

[60] James G C, Marua S S. Managerialist and Human Capital Explanation for Key Executive Pay Premiums [J]. Academy of Management Review, 2003 (1): 63 – 73.

[61] Anand Venkateswaran. Effect of Managerial Contribution to Firm Surplus, Outside Options, and Human Capital on Executive Compensation [M]. Rochekter, NY, Social Science Electronic Publishing, 2005.

[62] 魏刚. 高级管理层激励与上市公司经营绩效 [J]. 经济研究, 2000 (5):

32 – 64.

[63] 李增泉. 激励机制与企业绩效——项基于上市公司的实证研究 [J]. 会计研究, 2001 (1): 24 – 30.

[64] 邵平, 刘林. 高管薪酬与公司业绩的敏感性因素分析 [J]. 财经研究, 2008 (1): 94 – 105.

[65] 刘绍娓, 万大艳. 高管薪酬与公司绩效: 国有与非国有上市公司的实证比较研究 [J]. 中国软科学, 2012 (2): 90 – 101.

[66] 李维安, 孙林. 高管薪酬与公司业绩2009——2012年A股上市公司检验 [J]. 改革, 2014 (5): 139 – 147.

[67] 周佰成, 王北星. 中国上市公司治理、绩效与高管薪酬相关性研究 [J]. 数理统计与管理, 2007 (4): 669 – 675.

[68] 杜兴强, 王丽华. 高管薪酬与企业业绩相关性的影响因素分析——基于股权结构、行业特征及最终控制人性质的经验证据 [J]. 上海立信会计学院学报, 2009 (1): 53 – 65.

[69] 代彬, 刘星, 郝颖. 高管权力、薪酬契约与国有企业改革——来自国有上市公司的实证研究 [[J]. 当代经济科学, 2011 (4): 90 – 127.

[70] 胡玲, 陈黎琴, 黄速建. 高管薪酬、公司治理与企业绩效的实证分析 [J]. 中国社会科学院研究生学院学报, 2012 (4): 33 – 43.

[71] 杨志强, 王华. 公司内部薪酬差距、股权集中度与盈余管理行为——基于高管团队内和高管与员工之间薪酬的比较分析 [J]. 会计研究, 2014 (6): 57 – 66.

[72] 林俊清, 黄祖辉, 孙永祥. 高管团队内薪酬差距、公司绩效和治理结构 [J]. 经济研究, 2003 (4): 31 – 40.

[73] 罗宏, 曾永良. 国有企业高管薪酬、公司治理与费用粘性 [J]. 经济经纬, 2015 (2): 99 – 104.

[74] 李维安, 刘绪光, 陈靖涵. 经理才能、公司治理与契约参照点——中国上市公司高管薪酬决定因素的理论与实证分析 [J]. 南开管理评论, 2010 (2): 4 – 15.

[75] 苏方国. 人力资本、组织因素与高管薪酬：跨层次模型 [J]. 南开管理评论, 2011 (3)：122 - 131.

[76] 盛明泉, 伍岳. 高管年龄会影响其薪酬绩效敏感性吗 [J]. 商业会计, 2016 (18)：4 - 7.

[77] 王飞鹏. 国际金融危机背景下一些国家企业高管薪酬改革的做法与启示 [J]. 经济纵横, 2010 (2)：102 - 105.

[78] 刘星, 徐光伟. 政府管制、管理层权力与国有企业高管薪酬刚性 [J]. 经济科学, 2012 (1)：86 - 102.

[79] 宋晶, 刘明, 任冰. 完善国有企业薪酬制度的几点思考 [J]. 大连海事大学学报：社会科学版, 2009 (5)：70 - 73.

[80] 欧绍华, 吴日中. 中国国有企业高管薪酬制度改革的路径分析——基于制度变迁理论的视角 [J]. 宏观经济研究, 2012 (7)：93 - 100.

[81] 黄群慧. 新时期国有企业的使命与国有企业领导人的薪酬制度 [J]. 经济与管理研究, 2008 (1)：21 - 54.

[82] 陈佳. 国有企业经营者薪酬分配公正路径与模式研究 [J]. 财会通讯, 2014 (11)：75 - 77.

[83] 杨黎明. 关于改革完善国有企业高管薪酬分配制度的再思考 [J]. 中国党政干部论坛, 2014 (6)：58 - 61.

[84] 王春娃. 新一轮国有企业改革中高管薪酬改革的路径选择——基于政府行为的视角 [J]. 财会学习, 2015 (17)：181 - 203.

[85] 钟荣丙. "市场决定性作用"下的国有企业高管薪酬改革思路 [J]. 科技和产业, 2015 (2)：128 - 174.

[86] 刘洪、赵曙明. 企业家薪酬确定的原则、影响因素与方案 [J]. 中国软科学, 2000 (6)：8 - 13.

[87] 宋晶. 国有企业高管薪酬制度改革路径与模式研究 [M]. 北京：经济科学出版社, 2013：170 - 178.

[88] 黄群慧, 杨淑君. 企业经营者年薪制的模式比较 [J]. 中国工业经济, 1999 (12)：66 - 70.

[89] 陈忠卫. 国有企业经营者年薪制模式的设计与选择 [J]. 经济问题, 2000 (9): 12-15.

[90] 秦志华. 国有企业经营者年薪制的设计与实施 [J]. 经济理论与经济管理, 2003 (3): 51-54.

[91] 齐平, 李洪英. 国有企业负责人年薪制的思考 [J]. 税务与经济, 2006 (6): 25-29.

[92] 刘淑春. 美日高管薪酬激励模式比较及其启示 [J]. 商业时代, 2009 (24): 63-64.

[93] 侯清麟, 张立俭, 黄洁辉. 论我国国有企业经营者报酬结构的最优选择 [J]. 湖南工业大学学报: 社会科学版, 2009 (4): 28-31.

[94] 陈冬华, 陈信元, 万华林. 国有企业中的薪酬管制与在职消费 [J]. 经济研究, 2005 (2): 92-101.

[95] 吴春雷, 马林梅. 国有企业高管薪酬管制的有效性: 一个理论分析 [J]. 经济问题探索, 2011 (7): 156-160.

[96] 罗宏, 宛玲羽, 刘宝华. 国有企业高管薪酬契约操纵研究——基于业绩评价指标选择的视角 [J]. 财经研究, 2014 (4): 79-116.

[97] 刘辉, 干胜道. 基于公平偏好理论的国有企业高管薪酬管制研究 [J]. 河南大学学报, 2016 (1): 38-44.

[98] 张维迎. 博弈论与信息经济学 [M]. 上海: 上海人民出版社, 2005.

[99] Fehr E, Schmidt K M. A Theory of Fairness, Competition and Cooperation [J]. Quarterly Journal of Economics, 1999, 114 (3): 817-868.

[100] 王晓文. 薪酬管制下国有企业高管激励研究——纳入"不平等厌恶偏好"的分析 [D]. 济南: 山东大学, 2014.

[101] 金鹏. 公平偏好下国有企业高管最优显性和隐形激励组合研究 [D]. 长沙: 湖南大学, 2012.

[102] 丁敏. 垄断行业国有企业高管薪酬决定问题研究 [D]. 沈阳: 辽宁大学, 2012.

[103] 李俊杰. 我国垄断国有企业改革研究 [D]. 北京: 中央财经大学, 2008.

[104] 卢阳春. 我国国有企业股份制改革三十年制度变迁研究及启示 [J]. 经济体制改革, 2008 (4): 18-25.

[105] 王柯敬, 尹婵娟. 试论国有企业公司制股份制改革 [J]. 中央财经大学学报, 2008 (6): 57-61.

[106] 王莉. 高管薪酬公平对公司绩效的影响研究 [D]. 济南: 山东大学, 2014.

[107] 李维安, 刘绪光, 陈靖涵. 经理才能、公司治理与契约参照点——中国上市公司高管薪酬决定因素的理论与实证分析 [J]. 南开管理评论, 2010 (2): 5-7.

[108] 赵履宽, 杨体仁. 市场机制与企业工资改革——探索企业工资改革的新路子 [J]. 经济理论与经济管理, 1986 (6): 6-8.

[109] 唐伶. 国有企业工资制度的回顾与改革 [J]. 特区经济, 2010 (6): 116-118.

[110] 傅晓霞. 论经理股票期权在我国国有企业的实践 [J]. 经济师, 2002 (1): 30-34.

[111] 董殿毅. 中国国有企业管理者薪酬制度研究 [D]. 北京: 中央民族大学, 2011.

[112] 王连中. 我国国有企业经营者"年薪制"问题研究 [D]. 长春: 吉林大学, 2008.

[113] 欧绍华, 吴日中. 中国国有企业高管薪酬制度改革的路径分析——基于制度变迁理论的视角, 宏观经济研究 [J]. 2012 (7): 95-100.

[114] 王永. 我国垄断行业收入分配机制研究 [D]. 济南: 山东大学, 2012.

[115] 郭淑娟. 我国垄断行业企业高管薪酬制度研究 [D]. 西安: 西北大学. 2013.

[116] 黄群慧, 余菁, 王欣, 等. 新时期中国员工持股制度研究 [J]. 中国工业经济, 2014 (7): 6-9.

[117] 黄速建, 余菁. 企业员工持股的制度性质及其中国实践 [J]. 经济管理, 2015 (4): 2-5.

[118] 董辅礽. 中国国有企业改革的基本思路 [J]. 新疆社会经济, 1995 (2):

18 – 27.

[119] 杨瑞龙. 国有企业的分类改革战略 [J]. 教学与研究, 1998 (2): 5 – 12.

[120] 高明华. 论国有企业的分类改革和分类治理 [J]. 行政管理改革, 2013 (12): 55 – 59.

[121] 高明华, 杜雯翠. 中国上市公司高管薪酬指数报告 [M]. 北京: 经济科学出版社, 2013.

[122] 王红领. 决定国有企业高管薪酬水平的制度分析 [J]. 产业与市场, 2006 (1): 13 – 19.

[123] 黄再胜. 公平偏好、薪酬管制与国有企业高管激励——一种基于行为合约理论的分析 [J]. 财经研究, 2009 (1): 16 – 27.

[124] 黄再胜. 转型期国有企业经营者的身份博弈与经济后果 [J]. 当代经济科学, 2011 (11): 104 – 126.

[125] 刘青松, 肖星. 国有企业高管的晋升激励和薪酬激励——基于高管双重身份的视角 [J]. 技术经济, 2015 (2): 93 – 100.

[126] 周方. 河南省煤炭上市公司高管薪酬与企业绩效关系研究 [J]. 管理学刊, 2016 (2): 51 – 56.

[127] 曹玉书. 美国的国有企业 [J]. 软科学, 1996 (1): 123.

[128] 肖婷婷. 国外国有企业高管薪酬 [M]. 北京: 社会科学文献出版社, 2015.

[129] Ledford GE. Paying for the Skills, Knowledge and Competencies of Knowledge workers [J]. Compensation & Benefits Review, 1995, 2 (4).

[130] 潘石, 李莹. 战后日本国有企业私有化的特点、后果评析及启示 [J]. 现代日本经济, 2012 (6): 17 – 22.

[131] 吴汉洪. 日本邮政民营化改革解析及启示 [J]. 经济理论与经济管理, 2006 (2): 60 – 65.

[132] 王思慧, 郑蔚. 日本绩效工资改革问题研究 [J]. 现代日本经济, 2013 (1): 73 – 77.

[133] 张占奎, 王熙, 刘戒骄. 新加坡淡马锡的治理及其启示 [J]. 经济管理, 2007 (2): 90 – 96.

后 记

本书是在博士学位论文基础上进一步修改完善而成的，经过反复修改终于交付出版。

本书能够出版首先要真挚地感谢博士生导师文魁教授，感谢文老师在我读博士学位期间对我研究的悉心指导，从博士论文的选题、提纲的制定、文献的搜集到论文的撰写和修改都给与了我极大的指导和帮助。在博士论文写作遇到困难的时候，文老师的启发和鼓励带给我看待问题的新视角，让我顺利地完成了博士论文的写作。4年中，我除了博士论文受到文老师的指导之外，更多感受到文老师谦虚谨慎的学术态度和高尚的师德风范，让我在学习和工作中受益良多。我能够进入首都经济贸易大学学习并成为文老师的学生是此生最大的荣幸。在此，我向敬爱的文老师致以深深的感激！

其次，还要感谢劳动经济学院优秀的博士生导师杨河清老师、童玉芬老师、吕学静老师、纪韶老师、朱俊生老师在博士专业学习方面对我的指导和帮助。在博士论文写作中参阅了大量国内外国有企业高管薪酬研究的文献和成果，感谢这些学者在本研究领域所做出的研究，正是这些前期的研究才使我可以系统地研究国有企业高管薪酬改革中的问题。同时，也要感谢在博士论文开题报告、预答辩、博士论文评审和答辩过程中，给与我宝贵意见的各位专家。感谢你们给我提出各种建议，帮助我修正了博士论文中的不足。

此外，还要感谢与我同窗4年的博士生好友陈丽娜、罗俊峰、刘春荣、冯小俊、李玉梅、李莉、王春雪、朱志胜等同学。感谢4年的学习生活中能够遇到你们，感谢各位好友与我共同度过这美好的4年学习时光，感谢大家在这期间给与我的各种帮助和支持！感谢同事暴丽艳、李强、雷云云、程丽丽、高家怡、许慧在博士论文写作中给与的帮助。同时，我要特别感谢亲爱的家人，感谢你们在我求学过程中对我无条件的支持，让我安心完成博士学位阶段的学习。感谢山西财经大学公共管理学院的领导和老师们在我工作中一直给予我的关心和支持，在大家的帮助下本人可以顺利地将书稿修改完成。

本书的研究和撰写得到 2019 年山西省哲学社会科学规划课题《新时代山西省就业结构变动研究》（2019B175）和 2020 年山西省哲学社会科学规划课题《山西解决农村相对贫困问题的长效机制构建研究——基于教育和培训的研究》（2020YY105）、晋财教 2019－146 号第二批来晋博士科研经费以及山西省财经大学 2017 年引进博士科研启动费的支持。

范　婧

2021 年 3 月于太原